Eine Bildreise

Jörg Bischoff / Norbert Kustos / Ellert & Richter Verlag

Der Neckar

Von der Quelle bis zur Mündung

Autoren / Bildnachweis

Jörg Bischoff, geb. 1942, studierte Volkskunde, Germanistik und Jura in Tübingen und München; zwanzig Jahre politischer Journalist in Stuttgart und Bonn; seit 1993 Chefredakteur des „Schwarzwälder Boten" in Oberndorf/Neckar. Jörg Bischoff schrieb bereits zahlreiche Beiträge über den Südwesten Deutschlands.

Norbert Kustos, geb. 1957 in Lahr, nach dem Studium der Germanistik und der Geschichte intensive Beschäftigung mit der Fotografie; arbeitet als freischaffender Bildjournalist in Karlsruhe; Veröffentlichungen u. a. in Geo-Frankreich, Globo, Saison, Zeit-Magazin sowie diverse Kalender-Publikationen.

Titelabbildung: Neckarschleife bei Mundelsheim

Farbfotos:
Norbert Kustos, Karlsruhe

Abbildungen im Textteil:
Norbert Kustos, Karlsruhe: S. 17, 23, 36, 37, 68/69
Bildarchiv Preußischer Kulturbesitz, Berlin: S. 6, 22, 42, 43, 48/49, 52/53, 69, 78/79, 90
Reiss-Museum, Mannheim: S. 91
Stadtarchiv Rottenburg, Rottenburg: S. 30
Süddeutscher Verlag Bilderdienst, München: S. 16
Verkehrsamt, Heilbronn: S. 63

Karte:
ComputerKartographie Huber, München

Die Deutsche Bibliothek – CIP-Einheitsaufnahme

Der **Neckar von der Quelle bis zur Mündung /**
Jörg Bischoff; Norbert Kustos. – Hamburg: Ellert und Richter, 1994
(Eine Bildreise)
ISBN 3-89234-518-X
NE: Bischoff, Jörg; Kustos, Norbert

Text und Bildlegenden: Jörg Bischoff, Oberndorf
Lektorat: Dorothee v. Kügelgen, Hamburg
Gestaltung: nach Entwürfen von Hartmut Brückner, Bremen
Lithographie: Offset-Repro im Centrum, Hamburg
Satz: Atelier Schümann GmbH, Hamburg
Druck: Ara-Druck GmbH + Co KG, Stuttgart
Bindung: Buchbinderei Büge, Celle

Inhalt

Das ist des Neckers Ursprung", meißelten die Steinmetze des württembergischen Herzogs Ludwig im Jahr 1581 mit mächtigen Schlägen in einen Gedenkstein, der noch heute im Schwenninger Stadtpark Möglingshöhe zu sehen ist. „Wir wissen, welche Ehre wir vom Neckar haben", fügten die Einwohner der einstmals „größten Uhrenstadt der Welt" flink hinzu. Denn das Wässerchen, das da aus den Torfsoden eines nebelverhangenen Moors auf der Baar zwischen Schwarzwald, der Schwäbischen Alb und dem oberen Donautal in Richtung Nordost sickert, wird spätestens kurz vor Rottweil, der mächtigen freien Reichsstadt, zu einem stattlichen, um nicht zu sagen: staatlichen Fluß.

„Neckarmacht" hat man die aufstrebenden württembergischen Grafen und Herzöge spätestens seit dem Mittelalter genannt. Und der wankelmütige Wasserlauf, der sich 367 Kilometer lang und über 621 Meter Gefälle durch den Muschelkalk und das Keupergebirge des südwestdeutschen Schichtstufenlandes windet, ehe er nach einem hübschen Gedicht des schwäbischen Mundartdichters Sebastian Blau „schnurstracks ins Badisch" reinläuft und sich bei Mannheim vor „lauter Jammer im Rhei' versäuft", ist für die Schwaben tatsächlich so etwas wie die Elbe für die Sachsen oder der Rhein für die Deutschen: ein Schicksalsfluß.

Am Neckar hatte der Onkel Karls des Großen, Karlmann, schon im Jahr 746 im berüchtigten Blutbad von Cannstatt den landsässigen Hochadel der Alemannen hingemetzelt, um das Reich der Franken endgültig im deutschen Südwesten zu befestigen. Und in Sülchen bei Rottenburg entdeckte der römische Hofpoet Valentinians, ein Mann namens Decimus Magnus Ausonius, im Jahr 368 jene bildhübsche blonde Sklavin Bissula, die als die „erste Schwäbin" in die Geschichte der Erotik eingehen sollte. Sie wurde ihm zum „Inbegriff alles Lieben und Schönen", er bildete sie von der Barbarin zur kultivierten Römerin und Geliebten und lieferte damit die mitteleuropäische Version für viele literarische Stoffe dieser Art, angefangen bei George Bernard Shaws „Pygmalion" bis hin zum Musical-Bestseller „My Fair Lady".

„Halt dei' Gosch, i schaff beim Bosch", riefen früher stolz die Arbeiter von Robert Bosch (1861–1942). Als Bosch doch einmal auf einen Streik mit Aussperrung reagierte, spotteten die Stuttgarter: „Hätt'scht dei Gosch g'halte, hätt' di dr Bosch b'halte."

"Shut your gob, I work for Bosch" was once the proud cry of the workers of Robert Bosch (1861–1942). However, once when Bosch's response to a strike was to impose a lockout, the people of Stuttgart got their own back with a taunting "If you'd shut your gob you'd still be working for Bosch."

Hoch über dem Fluß auf einem Bergsporn in Tübingen gründete der württembergische Graf und spätere Herzog Eberhard „im Bart" im Jahr 1477 die Tübinger Universität mit ihrem berühmten Stift, einem „rechten Seminarium und Bomsatz (Baumschößling) für die Kirchen Gottes". Aus ihm heraus sollten Männer wie Philipp Melanchton, Johannes Kepler, der Theologe Johann Albrecht Bengel, Friedrich Wilhelm v. Schelling, Friedrich Hölderlin, Wilhelm Hauff, Eduard Mörike oder der Arbeiterdichter Georg Herwegh den Ruf Württembergs als Heimstätte des Geistes für lange Zeiten begründen.

Der Schiller und der Hegel,
Der Uhland und der Hauff,
Das ist bei uns die Regel,
Das fällt uns gar nicht auf,

dichtete später der Schwabe Eduard Paulus, nach Ansicht nichtschwäbischer Kritiker wie Peter Bamm der „arroganteste Vers der Literatur".

Wie an einer Perlenkette reihen sich am Neckar zwischen Plochingen und Mannheim auch jene Werkstätten des schwäbischen Erfinderfleißes aneinander, die sich mit Automarken wie Daimler-Benz und Audi/NSU oder dem Magnetzünder des Erfinders Robert Bosch Weltruhm erwarben – freilich auch mit Waffen der Firma Mauser in Oberndorf.

Der Fluß verbindet sie alle, die Nachkommen der Sueben von der Ostsee: Protestanten wie Katholiken, Reichsstädter in Rottweil, Esslingen und Heilbronn wie Obstbauern von der Teck und „Wengerter" (Winzer) von Mundelsheim, die Kurpfälzer aus Heidelberg und Mannheim wie die Franken von Neckarsulm und Mosbach, oder auch die vielen „Schweizer", die nach dem Dreißigjährigen Krieg als Melker zugewandert sind. Erst seit dem 25. April 1952 sind Schwaben und Alemannen in einem Bundesland Baden-Württemberg vereint. Seither haben sich auch die Badener mühsam damit abgefunden, daß es nicht der Rhein ist, der die Hauptschlagader des Landes bildet, sondern eben der Hausfluß der Schwaben: der Neckar.

Ein „Modell deutscher Möglichkeiten" nannte der erste deutsche Bundespräsident Theodor Heuss dieses westdeutsche Bundesland, und er meinte damit mehr als nur die einzig gelungene Flurbereinigung auf der Landkarte des westdeutschen Föderalismus. Es ist die „Einheit in der Vielfalt", wie die Schriftstellerin Isolde Kurz schrieb, die „Harlekinsjacke" der schwäbischen Lande, die sich da am Neckar dokumentiert, und zwar in einer seltenen Mischung aus Schillers Idealismus und der praktischen Vernunft eines Daimler oder Bosch, aus Mörikes pfarrhäuslicher Idylle von Cleversulzbach und Gudrun Ensslins tödlichem Terrorismus gegen die „Agenturen des Kapitalismus".

Dabei streiten sich die Gelehrten noch heute, woher der Name des Neckars stammt. Der Volkskundler Rudolf Kapff wagte Anfang dieses Jahrhunderts einen Rückgriff auf die Edda, wo vom Flußgott „Nikkr" die Rede ist. Eine andere Theorie führt zu dem keltischen Wort „nikra", das „reißend" bedeutet.

Reißend ist er in der Tat, der Neckar – immerhin ist er es gewesen bis in die 20er Jahre dieses Jahrhunderts, als der Flußingenieur Otto Konz damit begann, den Neckarlauf zu einer Großschiffahrtsstraße auszubauen und ihn damit zu besänftigen. Bis dahin waren Hochwasser das jährliche Schicksal der Neckaranwohner. Noch vor 50 Jahren wandte sich Mundartdichter Sebastian Blau mit der frommen Bitte an den Flußgott St. Nepomuk auf der Rottenburger Neckarbrücke, er möge doch mit seinem Hochwasser erst in Tübingen anfangen. Die „Gogen" (die Weingärtner der Universitätsstadt) nähmen es sowieso nicht so genau: „En deane ihrem saura Wei/derf wohl a bißle Wasser sei/ond evangelisch send se au."

Kein Wunder also, daß die Württemberger ihre Neckarquelle hüteten wie ihren Augapfel. Stand doch, nur einen Steinwurf von des „Neccers Ursprung" entfernt, von 1736 bis 1835 an der „Schweizer Straße" ein Zollhaus zunächst der Habsburger und dann der badischen Markgrafen. Die bis 1952 verfeindeten Stammesbrüder unternahmen einiges, um den Württembergern ihr heiliges Wasser abzugraben.

Fast dreihundert Jahre lang sprudelte die zu des Herzogs Zeiten im Moor gefaßte Neckarquelle einigermaßen fröhlich. Im Jahre 1869 jedoch arbeiteten sich italienische Eisenbahnarbeiter vom badischen Villingen in Richtung auf das württembergische Schwenningen vor und verstopften die unterirdischen Sickerwässer. Im Jahr 1907 – Baden und Württemberg waren immer noch getrennte Länder – mußten die Württemberger deshalb eiligst eine neue Neckarquelle im Schwenninger Moor bauen. Zwar fehlte es dem Neckar nicht an Wasser, aber der Ursprung – der ließ sich nicht mehr klar definieren.

Erst am 6. September 1981, als Villingen und Schwenningen schon zwanzig Jahre lang durch die Gemeindegebietsreform zu einer Stadt verbunden waren, nutzten die Stadtväter den Jahrestag der ersten Gedenksteinerrichtung, um den Ursprung des Neckars wieder an den Ort zurückzuverlegen, an dem er durch herzogliches Edikt 400 Jahre zuvor angesiedelt worden war.

Hier nimmt er seinen Lauf: Im Schwenninger Moos, zwischen dem großen Uhrendorf Schwenningen und dem Landessolbad Dürrheim, entspringt der Neckar. Den Ursprung hatten die Württemberger aus dem Torf gestochen, damit niemand ihnen ihre Quelle streitig machen konnte.

This is where its course begins: the Neckar wells up out of the ground in the "Schwenninger Moos" between the clock-makers' village of Schwenningen and the salt-water spa of Dürrheim. The people of Württemberg cut the peat to create the river source here so that no-one could dispute its location on their territory.

Unablässig bauten Herzog Eberhard Ludwig (1677-1733) und seine Maitresse Wilhelmine von Graevenitz am mächtigen Barockschloß Ludwigsburg. Es sollte eine Fluchtburg für den absolutistischen Fürsten sein, der des ewigen Nörgelns der sparsamen und sittenstrengen Schwaben über seine Amtsführung müde geworden war.

Duke Eberhard Ludwig (1677–1733) and his mistress Wilhelmine von Graevenitz dedicated themselves tirelessly to building the mighty Baroque palace of Ludwigsburg. It was intended as a place of refuge for the absolute Prince, who had grown tired of the thrifty and straightlaced Swabians' constant moaning about his conduct of office.

Im Jahr 1190 vom Pfalzgrafen von Tübingen den Zisterziensern übergeben, ist Kloster Bebenhausen noch heute in Stein gehauener Ausdruck der Regeln des heiligen Benedikt: Weltabgeschieden und der Natur zugewandt, spiegelt das Filigran im Sommerrefektorium Innerlichkeit und Einfachheit von Kult und Kunst ebenso wider, wie die tätige Bewährung der Mönche in der Landwirtschaft.

The monastery of Bebenhausen, presented in 1190 to the Cistercian Order by the Count Palatine of Tübingen, is still an expression hewn in stone of the rules laid down by St Benedict. Combining seclusion from the world with closeness to nature, the intricate tracery in the summer refectory reflects the inward-looking spirituality and simplicity of religion and art. So, too, does the monks' labour in the fields and gardens.

FEYERABEND

Das „Genie unter den Kaisern“ nannte Friedrich Nietzsche den Barbarossa-Enkel Friedrich II., der am 2. Juli 1235 mit Hofstaat, Leibgarde, Kamelen und Leoparden die größte Staufenpfalz nördlich der Alpen bezog: Wimpfen. Noch heute zeugt der zinnenreiche Platz mit seinem „Blauen Turm“ (Bild), den romanischen Arkaden, der Pfalzkapelle und dem Steinhaus vom modernen Geist dieses Kaisers.

Dubbed "the genius among German emperors" by Friedrich Nietzsche, Frederick II, grandson of Frederick Barbarossa, moved on 2 July 1235 into Wimpfen, the biggest Staufen palace north of the Alps. Still today the square with its battlements and "Blue Tower" depicted here, its Romanesque arcades, the castle chapel and the "Stone House" bear witness to the emperor's modern mind.

Spötter sagen, es gebe nur eine Stadt in Deutschland, deren City aus einer grünen Wiese bestehe: Villingen-Schwenningen. Tatsächlich liegt der Mittelpunkt der 1972 durch Bürgerentscheid zusammengefügten Doppelstadt irgendwo zwischen den beiden Stadtteilen, beim „Hölzleskönig“. Das war eine 400 Jahre alte, mehr als 50 Meter hohe Tanne, zu der die Villinger und Schwenninger am Sonntagnachmittag zum Familienausflug pilgerten, als zwischen beiden Städten noch die württembergisch-badische Grenze verlief. Im Jahr 1915 mußte sie gefällt werden.
Herzlos ist die Stadt gleichwohl nicht geblieben, obwohl die beiden Teile noch manches trennt. Schwenningen liegt am Neckar, der nach Norden hin zum Rhein fließt, während Villingen von der Brigach durchströmt wird, die nach Süden durch die „kalte Schale“ der Baar der Donau zueilt, um dann in Donaueschingen, der alten Fürstenstadt der Fürstenberger, zusammen mit der Breg „die Donau zuweg'“ zu bringen.
Die Fehden zwischen den Rivalen füllen ganze Aktenschränke. In Schwenningen hörte man auf Geheiß des württembergischen Herzogs auf Luther, im vorderösterreichischen Villingen auf den Papst. Die einen waren reichsstädtische Patrizier, die anderen Bauern.
Im Bauernkrieg von 1525 zündeten die Villinger das Schwabendorf an und raubten den Nachbarn das Vieh. Dafür gab es bittere Rache der Württemberger im Dreißigjährigen Krieg: Die Schwenninger stahlen die Glocken der Villinger Altstadtkirche. 1633 holt der

katholische Obrist Äscher die Beute wieder zurück. Seither gehört es zu den geflügelten Worten der Schwenninger, wenn sie über ihre Stadtmitbürger herziehen: „Ihr Villinger hond iis d'Glocke g'schtohla.“
Hinzu kam, daß Schwenningen seit der Mitte des vergangenen Jahrhunderts einen stürmischen Aufschwung als Uhren- und Schuhstadt nahm. An der großen „Schweizerstraße“, die schon Johann Wolfgang v. Goethe bei seiner Reise nach Italien benutzte, siedelten immer schon viele Fuhrleute. Da Schwenningen württembergisches „Ausland“ war, schafften es auch die alten Reichsstädte Rottweil und Villingen nicht, den Aufstieg des Handwerks zu stoppen, den sie sonst in den Dörfern ihres Umlands unterdrückten.

Der Stadtkern von Villingen ist bis heute noch so intakt geblieben, wie ihn Matthäus Merian im Jahr 1643 beschrieb: „Es hat allda guten gesunden Luft und durch alle Gassen lautere lauf-

Viel verändert hat sich in der Rottweiler Altstadt nicht, wie dieser historische Blick vom Hochturm über das „Schwarze Tor“ (rechts) zur Heiligkreuzkirche (links) beweist.

Not a great deal has changed in the historic town centre of Rottweil, as is proven by this historic view from the Hochturm across the "Black Gate" (right) to the Church of the Holy Cross (left).

fende Bäch. Der Marckt liegt mitten in der Stadt und mag einer dazu vier Thoren hinaussehen und nicht von kleine wegen der Statt, sondern daß die Gassen also grad und Creutzweiß zu den Thoren gerichtet seyn." Dies entsprach ganz dem Städtekonzept der Zähringer, wie es auch in Rottweil, Freiburg im Breisgau oder in Bern anzutreffen ist: der Markt, das „Zähringerkreuz", in der Mitte, davon ausgehend vier streng geführte Hauptachsen in die Himmelsrichtungen, jeweils behütet von einem Torturm in mächtigen Bossenquadern.

Die Stadtmauer trotzte im Dreißigjährigen Krieg sogar den protestantischen Truppen, die das als „Räubernest" verschriene Villingen nicht knacken konnten und deshalb versuchten, die auf moorigem Untergrund stehende Stadt unter Wasser zu setzen. Und da ist das Münster: eine mächtige romanische Pfeilerbasilika, an die der Bildhauer Klaus Ringwald in den 80er Jahren einen pfiffigen Akzent gesetzt hat: Während drinnen die Gottergebenheit gotischer Marienfiguren dominiert, hat Ringwald mit seinen Bronzeportalen der Welt zu ihrem Recht verholfen, mit einem schwülstigen Herodes beispielsweise, der sich an der ranken Salome „verlustiert", wie die frommen Pietisten im nahen Schwäbischen sagen würden.

Rottweil gilt als die „schönste Stadt Neckarschwabens", schön wegen ihrer städtebaulichen Ordnung und der Einbettung insbesondere der kirchlichen Bauten in diesen Organismus. Der Streit um den Neckar ist hier längst entschieden, weshalb die katholische Reichsstadt ihre Allmacht über den Fluß auch äußerlich dokumentiert. Hoch droben sitzt sie auf einer schrägen Muschelkalkplatte, uneinnehmbar für marodierende Militärs aller Zeiten, gleichzeitig aber auch geografisch und geistig gefangen in ihrer Unbezwinglichkeit. Das Straßenkreuz, über das sich alljährlich am Rosenmontag beim „Rottweiler Narrensprung" die „Fedrehannes", die „Schantle", „G'schellnarren" und über tausend andere stolze Patriziernarren ergießen, hat nach Norden gar kein Ziel. Kein Dorf liegt da, das die Stadtplaner hätten anpeilen können.

Noch heute gelten die Rottweiler im Gespött ihrer Nachbarn als langsam und behäbig wie die Hütehund-Rasse gleichen Namens. 45 Prozent der Arbeitsplätze sind im Dienstleistungsbereich angesiedelt – eine Beamtenstadt eben, wie sie es schon war, als die Römer um 74 nach Christi Geburt vom Schwarzwald her die felsige Trutzburg über dem Neckar in Beschlag nahmen, um von dort aus fast hundert Jahre lang die ungebärdigen Germanen zu bändigen.

Seither war Rottweil immer etwas „Besonderes" und stolz auf das kaiserliche Reichsgericht. Eine Kopie des barocken Hofgerichtsstuhls von 1781, der im Heimatmuseum zu sehen ist, steht thronend neben der Hochbrücke. Seine weltpolitische Bedeutung und seine uralten Beziehungen entlang der „Schweizerstraße" unterstrich Rottweil im Jahr 1463, als es sich als „Zugewandter Ort" mit den Eidgenossen verband und 1519 sogar einen „Ewigen Bund" mit ihnen einging. Deshalb steht heute noch der „Eidgenoß" auf dem Marktbrunnen.

Aber es sind nicht die Einzelheiten – es ist die Gesamtanlage der Stadt, die ihren Reiz ausmacht: mit ihrem freistehenden gotischen Kapellenturm, dem barocken Dominikanerkloster, dem frühgotischen Heiligkreuz-Münster mit seinen berühmten Plastiken und Schnitzaltären, der Altstadtkirche und den Traufhäusern mit ihren Erkern entlang des Straßenkreuzes, die ein geschlossenes Bild bürgerlicher Entfaltung und Bewährung bieten.

Als ob ihn der 80 Meter tiefe Durchbruch durch den Muschelkalk erschöpft hätte, ruht sich bei der Neckarburg der Neckar aus.

As if cutting an 80-metre deep path through the muschelkalk cliffs had exhausted it, the Neckar takes a rest near the Neckarburg.

1973
Rädel

Die „schönste Stadt Neckarschwabens" wurde Rottweil genannt. Damit ist vor allem die städtebauliche Ordnung gemeint, in der sich der Bürgersinn der freien Reichsstadt in seinen Häusern entlang des zentralen Straßenkreuzes niederschlägt. Hier schwang kein Monarch das Zepter, sondern es walteten Ratsherren, Schultheißen und Beamte des ehemaligen kaiserlichen Hofgerichts.

Rottweil has been called "the loveliest town on the Swabian Neckar." The town deserves this description mainly on account of houses and buildings like those around the central crossroads, epitomising the civic pride of a Free City within the Empire. No monarch held sway here, only councillors, mayors and officials of the former Imperial Court of Law.

„Franze'kleidle" (Franzosenkleid/rechts) und „Biß" heißen Figuren des Rottweiler Narrensprungs. Feines Patrizierdenken der Rottweiler und das ungehobelte Treiben des Landvolks treffen in diesen „Larven" aufeinander.

"Franze'kleidle" (Frenchman's Dress/right) and "Biss" are the names of these traditional figures who make their appearance each year at the Rottweil Fasching "Fool's Leap." Under these disguises the Rottweil citizen's refined patrician attitudes and the rough behaviour of the country folk meet face to face.

Sei Erbtoil kriegt er halb und halb / vom Schwaazwald ond von dr Rauhe'n-Alb", reimt der Mundartdichter Sebastian Blau über den Neckar, und diese Gerechtigkeit erfüllt sich tatsächlich zwischen Rottweil und Horb am ehesten, also dort, wo der schmale Fluß im wilden Muschelkalk seine unruhige Jugend durchlebt. Allerdings haben Geografen nachgewiesen, daß der Neckar sein Einzugsgebiet in den Klüften der Schwäbischen Alb um insgesamt 300 Quadratkilometer tiefer aushöhlt, als dies an der Oberfläche erkennbar wird.

Weil der Neckar, anders als seine gemächlichere Schwester, die Donau, schnell dem Rhein zustrebt, sägt er sich unterhalb von Rottweil auch bis zu 80 Meter tief in die Kalkhochfläche ein. Platz für eine Straße ist da nicht mehr, nur die „Gäubahn", die im Jahr 1868 Rottweil von Stuttgart her erreichte und früher einmal die wichtige Verbindung von Zürich nach Berlin sicherte, nutzt seinen gewundenen Lauf. Nördlich von Rottweil muß auch die Autobahn Stuttgart-Singen das Neckartal auf einer fast 80 Meter hohen Hängebrücke überqueren, die ein technisches Wunderwerk ist: Das Seil verläuft unterhalb der Fahrbahn.

Irgendwo in einer Ecke dieses verschwiegenen Canyons ist auch die Burgruine derer von Zimmern zu entdecken, eines Geschlechts, das der Nachwelt nicht viel mehr hinterlassen hat als das Werk des Grafen Froben Christoph von Zimmern. Er schrieb die berühmte „Zimmernsche Chronik", eine blut- und schweißtriefende Sittengeschichte aus der Zeit des 16. Jahrhunderts.

„Lieblingsbuch aller Deutschen" nannte Gustav Freytag die „Schwarzwälder Dorfgeschichten" des jüdischen Dichters Berthold Auerbach aus Nordstetten bei Horb.

"The favourite book of every German," is how the writer Gustav Freytag described the "Schwarzwälder Dorfgeschichten" (Village Tales from the Black Forest) by the Jewish author Berthold Auerbach, who came from Nordstetten near Horb.

Das Städtchen Oberndorf ist einer größeren Öffentlichkeit durch den „Schwarzwälder Boten" bekanntgeworden, der dort schon seit über 160 Jahren herausgegeben wird, und dessen Herausgeberin Amalie Brandecker den Zeitungsroman erfand. Auch wegen seiner Waffenproduktion ist das Städtchen in aller Munde. Im Jahr 1811, als die württembergischen Könige den Ort in Besitz genommen hatten, nutzten sie die Wasserkraft des Neckars für die Produktion von Steinschloßgewehren in einem ehemaligen Augustinerkloster. Aber die Beschaulichkeit täuscht darüber hinweg, daß der Fluß hier alle Nase lang über die früheren Landesgrenzen wechselt. Mal württembergisch, mal hohenzollerisch, dann wieder Landsässige des Johanniter-Ordens waren die Dörfchen, die sich an ihn drängen. Es scheint, als ob der Fluß seine eigentliche Heimat immer noch nicht gefunden habe. Erst 1974 wurden die „hohenzollerischen Lande", die schwäbische Heimat der preußischen Könige und deutschen Kaiser, im Zuge einer Landkreisreform endgültig zu den württembergischen Kreisen geschlagen.

„Wie eine Fliege im Bernstein", schrieb Theodor Heuss, war das schwäbische Hohenzollern mit seinem Stammschloß bei Hechingen und dem Fürstensitz in Sigmaringen von württembergischem Gebiet umschlossen, von dem Graf Friedrich von Zollern im 12. Jahrhundert ausgezogen war, um zunächst Burggraf von Nürnberg zu werden und seine Erben zur Eroberung der brandenburgischen Kurfürstenthrone auszuschicken. Ganze 15 000 Einwohner und 500 Soldaten, einen eigenen Kalender und eigene Handelsverträge besaß das Ländchen. Es war so schmal, daß nach einem Spottvers von Hermann Löns der Fürst auf der Jagd stets längs der Landesgrenzen schießen mußte, damit er nicht württembergische Untertanen in den Vororten von Sulz verletzte.

Viele Jahrhunderte kamen Schwaben und Hohenzollern gut miteinander aus, zumal die preußische Karriere der Hohenzollern die Schwaben für viele Entbehrungen zu entschädigen schien, die sie seit dem Tod ihres letzten Weltbürgers, des Stauferkönigs Friedrich Barbarossa, hatten hinnehmen müssen. Das änderte sich allerdings 1848, als Fürst Karl Anton Pleite machte und sich genötigt sah, sein Fürstentum an die Berliner Verwandtschaft zu verkaufen. Damals predigte der Pfarrer von Trochtelfingen in der Kirche: „Liebe Gemeinde. Ich habe Euch zweierlei zu verkünden: Erstens, daß wir uns zu freuen haben, daß wir preußisch geworden sind. Und zweitens, daß wir es um unserer Sünden willen nicht anders verdient haben."

Urwürttembergisch dagegen ist das Städtchen Sulz, von dem das Herzogtum bis 1803 sein Salz bezog. „Zweier Quellen Hüll' und Füll' strömen im Überfluß" steht noch heute auf dem Marktbrunnen zu lesen. Hoch über der Stadt thront die Ruine Albeck, der Sitz eines Grafengeschlechts, das bis zum Jahre 1487 den Ort befehligte, bis es dem württembergischen Imperialismus nach langen Kämpfen doch gelang, die Rohstoffarmut seines Landes zu lindern und an das „weiße Gold" der „Villa publica Sulza" zu kommen, wie es in einer Urkunde von 790 heißt.

Als „Tor zum Schwarzwald" empfiehlt sich Horb, das wie im Reitersitz auf einem Muschelkalkriff sitzt und den Neckar zu einer entscheidenden Wende zwingt. In Horb verneigt er sich vor dem harten Gebirge des „Gäus" und wendet sich für knapp hundert Kilometer ziemlich genau nach Westen. Zuvor hat er von der Glatt noch einmal reichen Nachschub bekommen. Hochwasser waren denn auch schon immer ein Problem für die Anwohner.

Das „Große Bilderbuch der Stadt“ heißt die Lüftlmalerei, die im Jahre 1927 der Kunstmaler Wilhelm Klink an der Fassade des Rathauses von Horb anbrachte. Es zeigt neben den großen Söhnen Horbs auch pfiffige Szenen aus dem Alltag der Stadt, die sich den bürgerlichen Begriffen „Recht“ und „Treue“ verpflichtet fühlte. Zum Fleiß allerdings bedurfte es der Mahnung des städtischen „Büttels“.

“The Big Town Picture Book” is the name of the mural painted in 1927 by artist Wilhelm Klink on the town hall facade in Horb. In addition to prominent citizens of the town, it depicts witty scenes of everyday life in a town with a sense of duty to the solid middle-class tenets of “justice” and “loyalty.” On the other hand, enforcing the tenet of „hard work“ probably involved an exhortation from the town constable.

Horb hat deshalb seinen Namen von „hor“, dem Sumpf. Und weil es im Tal kaum ein trockenes Fleckchen gab, kletterte die mittelalterliche Altstadt kunstvoll auf den Berg hinauf, wo nur für Gassen Platz ist, mit lauter schiefen, dem Hang angepaßten Winkeln, freilich auch für die gotische Liebfrauenkirche und für ein „Bilderbuch“ von 1927 an der Fassade des Rathauses, das Liebe, Fleiß und Macht in der ehemals vorderösterreichischen Kleinstadt in lustiger Weise schildert.

In Nordstetten bei Horb war jener vergessene jüdische Dichter Berthold Auerbach zu Hause, der im vergangenen Jahrhundert mit seinen „Schwarzwälder Dorfgeschichten“ einem breiteren Publikum bekannt wurde. 1812 wurde er geboren, als Bub eines jüdischen Bauern und Viehhändlers und einer Mutter, die in ihm wohl die Erzählerfreude weckte. Rabbiner sollte er werden, aber die orthodoxe Enge der Talmud-Schule in Hechingen und die bedrückende Stimmung des Vormärz führten ihn doch mehr zu seinen liberalen Tübinger Lehrern wie Gustav Schwab, Ludwig Uhland und den Philosophen David Friedrich Strauß. Er war ein unruhiger Geist, saß – wie so viele vor und nach ihm – wegen aufrührerischer Schriften zwei Monate auf der Festung Hohenasperg, dem „höchsten Berg Würtembergs“, und durfte deshalb auch nicht Lehrer im Staatsdienst werden, was sein Traum gewesen wäre.

So verlegte er sich auf das Schreiben, ganz im Sinne des literarischen Realismus. Liebevoll schilderte er die ärmlichen Verhältnisse der damaligen Zeit. Die „Dorfgeschichten“ wurden, wie Gustav Freytag meinte, das „Lieblingsbuch aller Deutschen“ und haben George Sand, Leo Tolstoi und Eduard Mörike angeregt. Gottfried Keller nannte sie „alle frisch und gesund und ein festtägliches Weißbrot für das Volk“. Nicht einmal die Nazi-Schergen trauten sich im Jahr 1938 während der „Reichskristallnacht“, das Grab Auerbachs auf dem Nordstetter Friedhof zu schänden.

Wie auf einem Reitersitz thront das Städtchen Horb auf einem Muschelkalkriff hoch über dem Neckarknie, als Bollwerk der Habsburger mitten in Württemberg. Die gotische, nach einem Brand von 1725 innen barock umgebaute Heiligkreuzkirche krönt die aufsteigende Reihe der Bürgerhäuser.

Poised like a rider on his horse, the little town of Horb, a Habsburg stronghold in the middle of Württemberg, towers on a ridge of muschelkalk high above a sharp bend in the Neckar. The houses climbing the hillside culminate in the Gothic Church of the Holy Cross, its interior restored in the Baroque style after a fire in 1725.

Vom großen Reichtum der Salinen ist in Sulz (Blick nach Süden) heute nicht mehr viel zu spüren. Ein Brand hat 1794 das Städtchen mit seinem Solbrunnen auf dem Marktplatz und den vierzehn Siedehallen gründlich verändert.

There are few traces left in Sulz (seen here in a view towards the south) of the great wealth brought by its saltworks. A fire in 1794 fundamentally changed the face of the little town with its salt water fountain on the market square and its fourteen salt vats.

Wie ein verlorenes Versatzstück aus dem Bühnenbild einer Wagner-Oper schwebt über dem Zollerland die neuromanische Burg Hohenzollern. König Friedrich Wilhelm IV. von Preußen ließ sie von 1850 bis 1867 dort erbauen, von wo einst seine Vorfahren ausgezogen waren, die brandenburgische Kurfürstenkrone zu erobern.

The Neo-Romanesque castle of Hohenzollern soars high over the Zollerland region like a piece mislaid from the set of a Wagner opera. King Frederick William IV of Prussia had it built between 1850 and 1867 on the spot from which his forebears had once set out to ascend the crown of the Electors of Brandenburg.

Der Neckar fließt breit dahin", so möchte man, frei nach Friedrich Smetanas „Die Moldau", sagen, wenn der Fluß die Klüfte des Muschelkalks, die kleinen verwunschenen Mineralquellen Eyach, Bad Imnau und Bad Niedernau, hinter sich gebracht hat und kurz vor Rottenburg durch eine „Schwäbische Pforte" die weite Ebene des Keuperlandes erreicht. Viel Staat ist da nicht mit ihm zu machen, denn die dünnen Bäche, die ihn nähren könnten, stammen aus verkarsteten Gebirgslandschaften. Schon die Römer bauten bei Rottenburg eine mehr als sieben Kilometer lange Wasserleitung aus dem Rommelsbachtal zum Neckar. Früher mäanderte der Fluß in großen Schleifen durch die Tübinger Buch. Seit aber sein Lauf im vergangenen Jahrhundert korrigiert wurde, sind die schönen Erlen- und Eschenwälder der Talauen verschwunden.

In Bad Niedernau hielten früher regelmäßig die Tübinger Professorenwitwen „geräuschvollen Einzug", wie ein Berichterstatter meldete. Und in Imnau sprudelt ein Säuerling aus der hohenzollerischen „Fürstenquelle", der nach den Worten desselben Wanderers „in der Flasche knallt wie Champagner".

Es hat an Plänen nicht gefehlt, dem Neckar bereits an seinem Oberlauf Frischwasser zuzuführen, insbesondere in den Sommermonaten, wenn aus dem württembergischen Staatsfluß ein dünnes Rinnsal wird, in dem die Fische kaum noch Sauerstoff zum Atmen haben, geschweige denn ausreichend Kühlwasser für die acht Großkraftwerke am Unterlauf zur Verfügung steht. Auf mehr als 28 Grad Celsius nämlich darf der Fluß auch im Sommer nicht aufgeheizt werden, soll er überhaupt noch mehr sein als ein Abwasserkanal.

Ohnehin ist der Wassermangel im württembergischen Unterland stets ein Problem für die Menschen, aber auch für die aufstrebende Industrie gewesen. Viel zu viel von dem kostbaren Naß versickert im kalkreichen Untergrund, bevor es in den Seitenbächen des Nekkars zutage tritt. An den steil aufschießenden Buchenhängen der Schwäbischen Alb fehlt es an Niederschlägen keineswegs, aber das Wasser rinnt in den Klüften unterirdisch davon und steht dem Nationalfluß der Schwaben somit nicht mehr zur Verfügung.

Bereits im vergangenen Jahrhundert baute ein fortschrittlicher Schultheiß in Justingen deshalb die „Albwasserversorgung": ein (heute noch aktives) kunstvolles Netz von Pumpwerken, mit dem das kostbare Naß aus den Quelltöpfen am Fuß des Gebirges wieder auf die Hochfläche gepumpt wird. Auch aus dem fernen Ostwürttemberg führen mächtige Trinkwasserleitungen ins Herz Württembergs. Selbst der Bodensee, der größte Trinkwasserspeicher Europas, muß zur Versorgung der Region herhalten. In den 50er und 60er Jahren wurde eine Leitung von Sipp-

Längst hat die Rottenburger Neckarbrücke ihr Gesicht verändert. Aber immer noch wachen der Brückenheilige St. Nepomuk und der Dom darüber, daß Rottenburg eine Metropole der Geistlichkeit bleibt.

The bridge over the Neckar at Rottenburg has long since changed its appearance. Nevertheless St Nepomuk, patron saint of the bridge, and the cathedral still keep watch to make sure that Rottenburg remains a centre of spiritual life.

lingen am Bodensee entlang des Nekars bis in den Süden Stuttgarts gebaut. Ein zweiter Strang durchbohrt seit 1970 in Form eines Stollens in zweihundert Metern Tiefe die Schwäbische Alb.

Kühne Planer wollten auch einen unterirdischen Kühlwasser-Stollen vom Bodensee durch die Schwäbische Alb zum Neckar graben. Aber die Schweiz und Österreich, denen der Bodensee ja auch gehört, lehnten ab. Sie akzeptierten wohl die beiden Trinkwasserleitungen für das Industrierevier am mittleren Neckar, zum Kühlen aber und für die Toiletten der schwäbischen Industrie war ihnen das Bodenseewasser nun doch zu schade. Auch ein Staubecken bei Eyach scheiterte am empörten Protest der Bürger.

Kaum hat sich der Fluß im Württembergischen einigermaßen heimisch gemacht, da berührt er auch schon wieder fremden Boden: Rottenburg, die auf römischem Untergrund erbaute Bischofsstadt (seit 1827), ehemals Sitz der Jesuiten, mit ihrem mächtigen gotischen Dom, dem ehemaligen Kloster als Sitz des Generalvikariats, dem „Schloß“, das heute ein Gefängnis ist, der Wallfahrtskirche St. Marien im Weggental und dem Marktbrunnen der gebildeten Pfalzgräfin Mechthild, der einer Sage zufolge nur drei Pfennig mehr gekostet haben soll als der Kirchturm. Auch in der Anlage ist sie eine fromme Stadt, denn alle weltlichen Bauten, vom „Schloß“ einmal abgesehen, ducken sich unter den Charakter der „Urbs pia“.

Bis 1806 war die ehemalige Grafschaft der Hohenberger im Besitz der Habsburger, weshalb man in Rottenburg heute noch Spuren der Wiener Architektur entdecken kann. Hier lebte Maximilian Kolbe, der Pater, der im Jahr 1941 in Auschwitz für einen Familienvater freiwillig in den Hungertod gegangen war, und hier ist auch Josef Eberle alias Sebastian Blau aufgewachsen, einer der berühmtesten und zugleich besten Mundartdichter der schwäbischen Lande. Von ihm stammt jenes Neckar-Gedicht, das uns auf dem Weg zwischen Schwenningen und Mannheim immer wieder begleitet.

Die ersten Strophen lauten:

Ta'z ond Musik ghaöt zur Kirbe,
ond dr Haohzichstrauß zur Braut,
ond zur Fasnet ghaöret mürbe
Küachle', wia dr Speck ens Kraut.

Ond zur Täufete ghaöt 's Kendle,
ond zom Gaigel ghaöt dr Trompf,
ond dr Necker ghaöt ens Ländle
als sei' Heazstuck ond Triompf!

Sei' Erbtoal kriegt r halb ond halb
vom Schwaazwald ond vor Rauhe'-n-Alb.
Drom ist r ao toals zart, toals grob,
grad wia sei' Vatter ond sei' Muater;
mit oam Woat gsait: r ist e' guater
ond regelreachter Schwob.

Iatz gucket ao des Wässerle,
wias aus em Bode' spritzt,
ond wia e' silbrigs Messerle
so blank ond sauber glitzt!

Wias pflätscheret ond strudlet
ond wuselet ond hudlet,
wias läbberet ond motzet
ond Kieselbatze' schlotzet!

Im Laufe des Gedichtes sehen wir den Lauf des Stromes auf seiner Wanderschaft, sehen ihn größer und stärker werden, bis am Ende:

Soweit wär älles reacht ond schö'.
Was aber tuat dear Stromer?
r lauft schnurstracks ens Badisch nei'
ond selt – vor lauter Jomer –
versäuft r se em Rhei'!

Mit den Tübingern verbindet die Rottenburger eine herzliche Feindschaft. Dies hat mit der Konfession zu tun, aber auch mit dem unausrottbaren Minderwertigkeitskomplex der geistlichen gegenüber der geistigen Stadt. In Rottenburg feiert die „Fasnet“ alljährlich Triumphe, in Tübingen sinniert man statt dessen über den Lauf der Welt. In Rottenburg wurde auch „Neckarwein“ angebaut, ein „Simse'krebsler“, wie die Schwaben von einem Säuerling sagen. Von ihm und dem Tübinger Wein wird erzählt, daß der eine den Leuten Löcher in den Magen fresse, weshalb der andere gut genug dafür sei, dieselben wieder zusammenzuziehen.

Nicht weit von Rottenburg, wieder auf württembergischem Gebiet, oberhalb von Wurmlingen, thront auch jene Remigiuskapelle, welche die Phantasie unzähliger Dichter immer wieder beflügelt hat.

Wie ein leichter Kahn
auf des Hügels grüner Welle

schilderte sie Nikolaus Lenau. Ludwig Uhland hat sie mit seinem Lied „Droben stehet die Kapelle“ für ewige Zeiten ins Herz der Schwaben gesenkt. Da ist vom Hirtenknaben die Rede, der still ins Tal hinabschaut, ein Bub, in dem sich viele Schwaben wiedererkennen. Deshalb drängen sich an schönen Sommersonntagen scharenweise die Busse der Vereinsausflügler am Fuß der Keuperpyramide. Ein steiler Passionsweg führt hinauf zum Friedhof, wo die Wurmlinger Bauern „freudig auferstehbereit“ ruhen, wie der Tübinger Philosoph Theodor Haering formulierte.

Ein bißchen schwäbisch, ein bißchen wienerisch und vor allem sehr fromm zeigt sich die katholische Bischofsstadt Rottenburg. Das verschwiegene Gerberviertel hatte nur wenig Chancen, sich gegenüber der Allmacht der Bischofskathedrale und dem Gestaltungswillen vorderösterreichischer Barockbaumeister zu entfalten.

The Catholic diocesan town of Rottenburg is part Swabian, part Viennese, but above all godfearing. The secluded tanners' quarter had little chance to assert itself in the face of the omnipotence of the cathedral and the creative fancies of Austrian Baroque architects.

Freudig auferstehbereit und dem Himmel ein gutes Stück näher ruhen die Wurmlinger auf dem Friedhof ihrer vielbesungenen Kapelle. „Wie ein leichter Kahn auf des Hügels grüner Welle“ sah Nikolaus Lenau sie dahinschweben.

Erstwhile citizens of Wurmlingen resting in peace in the cemetery of their much-sung chapel are already a good bit closer to heaven as they joyfully await the day of resurrection. The poet Nikolaus Lenau described them as “floating like a lightweight boat on the green wave of the hill.”

Am „Stift" kommt keiner vorbei, der von Tübingen redet: jenem mächtigen Gebäude hoch oberhalb des Neckars, in dem 400 Jahre lang schwäbische Geistesgeschichte gemacht wurde. Vom Astronomen Johannes Kepler über den Pietisten und Mechaniker Philipp Matthäus Hahn, den Philosophen Georg Wilhelm Friedrich Hegel oder die Dichter Friedrich Wilhelm v. Schelling, Friedrich Hölderlin, Gustav Schwab, Wilhelm Hauff bis zu Eduard Mörike oder Georg Herwegh reicht die Liste der legendären „Stiftsköpfe", die einige Jahre in jener staatlichen Zuchtstätte für den protestantischen Theologennachwuchs zubrachten.

Im Jahr 1790 gab es den später „Geniepromotion" genannten Jahrgang mit Hegel, Schelling und Hölderlin. Sie wohnten sämtlich in der „1. Stube" des Stifts, um nach dem bestandenen „Landexamen" an der Universität zu studieren. Das ergab eine Häufung freisinniger Geister, die im selben Jahr den herzoglichen Oberinspektor zu der bedrohlichen Meldung nach Stuttgart veranlaßte: „Die Stimmung ist äußerst demokratisch, besonders aber ohne Scheu die französische Anarchie und der Königsmord öffentlich verteidigt werden."

Im Stift freilich herrschte nicht nur der freie Geist. Der hohenlohische fürstliche Geheimrat Karl Julius Weber sprach Anfang des vergangenen Jahrhunderts von einem „Theologenzwinger", der einen Priesterstand heranzüchte wie seinerzeit die Kasten im alten Ägypten. „Inzwischen", vermerkte Weber spöttisch, „wird während des Essens auch gegessen, nicht nur gepredigt."

Bis 1686 ließen sich die württembergischen Grafen und Herzöge in der Tübinger Stiftskirche beerdigen. Im Bild: Graf Eberhard „im Bart" (gest. 1496), der Gründer der Universität und Einiger des Landes.

Until 1686 the Counts and Dukes of Württemberg used to be buried in the Tübingen collegiate church. Depicted here: Count Eberhard, who died in 1496, founder of the university and forger of the state's unity.

Der Schriftsteller Peter Härtling hat in seinem „Hölderlin"-Roman aus den strengen Stiftsstatuten von 1752 zitiert: „Alle Stipendiaten sollen sich der vergeblichen Führung des Namen Gottes, auch aller Flüche und Schwüre, als wider alle göttlichen Gesetze lauffende Frevel enthalten. Der Leichtsinn und böse Gewohnheit hierin solle mit Verweisung des Stipendii, die aus Übereilung oder Zorn gesehene Übertretung aber mit dem Carcere gestraft, das beharrliche Fluchen, Schwören und Gottes-Lästern hingegen an das fürstliche Consistorium berichtet, und anderen zum Exempel mit strenger Straffe angesehen werden. Ein jeder Stipendiat solle auch gehalten seyn, wann er solche Excesse hört, dieselbe dem Inspectorat anzuzeigen". Noch vor 60 Jahren gab es die beiden „Scheißhäusler", Beamte nämlich, die abwechselnd hinter einem Fensterchen am Tor saßen und feinsäuberlich notierten, wer um 22 Uhr c. t. noch nicht zuhause war und folglich mit einer „Schede" (einer schriftlichen Begründung) beim „Ephorat" (Studentenbetreuung) begründen mußte, warum er sich verspätet hatte.

Jährlich umgerechnet 1,4 Millionen Mark ließen sich die württembergischen Herzöge seit dem Jahr 1536 dieses „rechte Seminarium für die Kirchen Gottes" kosten, damit „armer frommer Leut Kinder" eine höhere Bildung erhielten. Stoßrichtung war der Pfarrernachwuchs, den man durch ein „Landexamen", einen zweijährigen Aufenthalt an einem „Seminar" im Lande, und das Stipendium am Stift heranbilden wollte. Anfang des letzten Jahrhunderts bekamen deshalb die Theologen täglich einen halben Liter „Stiftswein", die Philosophen dagegen nur ein „Viertele". „Mancher", bemerkte Karl Julius Weber, „widmete sich deshalb der Theologie, für den es schade war, daß er nicht Jurist, Arzt, Soldat etc. und auch wieder umgekehrt, daß er nicht besser Handwerker und Bauer wurde."

Aber das Stift war und ist nicht allein Kloster: An den Toren steht der Spruch „Ein Haus für Gott und zugleich die Musen"; „für die Schule und zugleich für das Leben" sollten die Zöglinge lernen. Ebenso war festgehalten, daß „dies Kloster und sein Vaterland (nur) zugleich sterben" könnten. So endeten also die Stipendiaten keinesfalls nur in den schwäbischen Pfarrhäusern wie etwa Eduard Mörike. Vielmehr waren es die absichtlich gepflegten Gegensätze von Glaube und Wissen, von christlicher und griechisch-klassischer Bildung, die gerade die Berühmtesten unter ihnen als Hauslehrer hinaustrieb ins Leben wie Hölderlin und Schelling, Hauff und Herwegh. Man fand Pairs von Frankreich unter ihnen, Nationalökonomen in Bismarcks Diensten, indische Universitätsprofessoren, einen Direktor des Britischen Museums in London. Im Frankfurter Paulskirchenparlament von 1848 saßen allein zehn Stiftler. Einer von ihnen, dessen Name in den Stiftsakten begreiflicherweise nicht mehr zu finden ist, schloß sich gar den griechischen Freiheitskämpfern von 1830 an und wurde Scharfrichter der provisorischen griechischen Hauptstadt Nafplion.

Das Stift wäre freilich nur eine halbe Sache gewesen, hätte es in Tübingen nicht den fruchtbaren Gegensatz zwischen der Universität und den Eingeborenen gegeben, den Tübinger Weingärtnern oder „Gogen" – ein Spannungsbogen, der Anlaß für unzählige Witze gab. Ein einziger mag für viele stehen: Als ein Tübinger Professor mitten durch die Weinberge spazierte, mußte er sich die Schimpfkanonade eines „Gogen" anhören: „Professorle, i' schlag dr d'Füß ab, daß d' auf de Stum-

pa d'rherkommsch." Als sich der Professor höflichst für seine Ortsunkenntnis entschuldigt, erhält er die Antwort: „Drom sagt ma's dir au em Guete".
In jüngster Zeit haben emsige Volkskundler nachgewiesen, daß die unübersehbare Serie der „Gogen"-Witze erst im Ersten Weltkrieg einsetzte, als ein findiger Verleger Grußkarten aus Tübingen für die Frontsoldaten mit solchen Witzen schmückte. Gleichwohl stehen sie für die uralte Spannung zwischen Geist und Bodenständigkeit, für Theorie und Praxis, für Norddeutsch und Süddeutsch ohnedies.
Einer, der den Ausgleich suchte, war jener legendäre Dußlinger Metzgermeister und Sonnenwirt Christian Späth, dem der Tübinger Philosoph Theodor Haering in seinem Buch „Der Mond braust durch das Neckartal" ein Denkmal gesetzt hat: Der Vater hatte ihn vom Studium abgehalten mit der Begründung, es müsse auch „g'scheite Metzger" geben. Er dichtete:

Der Mond braust durch das Neckartal
die Wolken sehen aus wie Stahl
und in den Straßen sieht man nix
als nur die Tücke des Geschicks.

Allerdings ist neuerdings umstritten, ob es wirklich Christian Späth war, der sich mit diesen Versen in die Höhen schwäbischen Dichtertums aufzuschwingen suchte, oder ob das Gedicht nicht doch in einer Bierlaune in Heidelberger Kneip-Stuben entstanden ist. Kein Zweifel besteht jedoch an Späths Urheberschaft für den Spruch, mit dem er sich am Stammtisch in eine Diskussion Tübinger Studenten über den kategorischen Imperativ Immanuel Kants einschaltete: „Jawohl! Wenn i' abends von' Dußlinge' 'reinfahr', de' gestirnte Himmel über mir, das sittliche Gesetz in mir und meine Säu (Schweine) hinter mir – do verleb' i' meine schönste Stunde."

Das Stift, die Universität und die „Gogen" allein sind es nicht, was Tübingens Reiz in Vergangenheit und Gegenwart ausmacht. Das Städtchen war bis 1342 Sitz eines stolzen Pfalzgrafengeschlechts, als die Württemberger als einfache Landadlige noch Schweine und Hühner züchteten. Die Pfalzgrafen von Tübingen legten auch die Grundmauern für das mächtige Schloß, neben dem Rathaus mit der Renaissance-Fassade, der gotischen Stiftskirche und den Fachwerkfassaden der Bürgerhäuser einer der wenigen Bauten, die einen Kontrapunkt zum vielstimmigen Chor der Universitätskomplexe setzen. Auch später, als die Fürsten in Stuttgart und Ludwigsburg heimisch geworden waren, galt Tübingen immer als die vornehmste der damals so genannten „guten Städte" Württembergs – als die zweite Hauptstadt sozusagen. In der Stiftskirche ließen sich bis 1686 die Grafen und Herzöge von Württemberg in Sandstein aufbahren.
Unweit von Tübingen, im Herzen des großen Forstes des Landes, dem „Schönbuch", liegt das ehemalige Zisterzienserkloster Bebenhausen. Eduard Mörike hat in dem weltabgeschiedenen Ort jene Ruhe gefunden, die für die Klostergründer göttliches Gebot war. Und als die schwäbischen Revolutionäre von 1918 nach einigem Zögern auch ihren König Wilhelm II. vom Thron stießen, da zog der beliebte Landesvater mit seinen beiden Spitzhunden hierher ins „Exil".

In Bebenhausen residierte unter den Augen der französischen Besatzungsmacht von 1946 bis 1952 auch der Landtag des ehemaligen Teilstaates „Württemberg-Hohenzollern", ein „liebenswerter Schnörkel der Weltgeschichte", wie Theodor Heuss dieses Parlamentchen nannte. Ein Idyll war es beileibe nicht. Die Volksvertreter hausten in den spartanischen Mönchszellen der Zisterzienser und hatten ihre liebe Not, gegen die Demontage-Politik der Besatzungsmacht und das rigorose Abholzen der Wälder anzukämpfen.

Die Geschichte der bürgerlichen Stadt Tübingen ist auch die Geschichte ihrer Rathausfassade. Von der Renaissance über den barocken Vorgiebel mit der astronomischen Uhr bis zu der neuromanischen Bemalung aus dem vergangenen Jahrhundert reicht das stilistische Bilderbuch.

The history of the respectable middle-class town of Tübingen is also the history of its town hall facade. The styles represented here range from Renaissance and the Baroque gable with the astronomical clock right through to the neo-Romanesque painting carried out in the last century.

Die Neckarfront, der Hölderlinturm (links), die Stocherkähne der Studentenverbindungen – das ist die Postkartenseite Tübingens. Dahinter baut sich das Universitätsviertel mit der Alten Aula, dem berühmten Stift und der Alten Bursa auf.

The Neckar riverfront with the Hölderlin Tower (left) and punts belonging to the student fraternities: picture postcard Tübingen. The university quarter with the Old Assembly Hall, the famous Seminary and the Old Student Hostel is ranked behind it.

Während das Tübinger Geistesleben von der Neckarfront aus nach Süden gen Arkadien blickte, hat das Bürgertum der Pfalzgrafenstadt am dreieckigen Marktplatz seine Spuren hinterlassen. Mit dem immer wieder veränderten Rathaus aus dem Jahre 1435 und dem Neptunbrunnen davor wurde dokumentiert, daß sich Tübingen stets als zweite Hauptstadt fühlte.

Whilst Tübingen's intellectuals cast their gaze south from the riverfront towards Arcadia, the bourgeoisie of the palatinate city left their traces in the triangular market place. The frequently-altered Town Hall dating from1435 and the Neptune Fountain which stands in front of it, testified to the fact that Tübingen always thought of itself as the second capital.

MARQUART AM MARKT
GLAS-PORZELLAN

Von einem Psychiater der Universität Tübingen wird erzählt, er sei immer wieder gerne in seine alte Klinik zurückgekommen, um „diese prächtigen schwäbischen Schizophrenen" zu sehen. Friedrich Hölderlin kann er damit nicht gemeint haben. Der neben Friedrich Schiller berühmteste Dichtersohn Schwabens war damals schon tot – hingedämmert in seinem Wahngebäude und 36 Jahre lang liebevoll gepflegt von der Tübinger Schreinersfamilie Ernst und Charlotte Zimmer in dem dreistöckigen Haus auf der Neckarmauer, das heute „Hölderlin-Turm" genannt wird.

Die Zimmers hatten den „Hyperion" gelesen. Sie wußten deshalb, um wen es sich bei dem zarten, von Tobsuchtsanfällen heimgesuchten blonden Mittdreißiger handelte, der da im Jahr 1807 in seine schwäbische Heimat zurückgekommen war,

> wo bekannt blühende Wege mir sind.
> Dort zu besuchen das Land
> und die schönen Tale des Neckars.

Der Fluß hatte Leben und Schaffen Hölderlins bestimmt. Nun sollte er im Zimmerschen Haus in Tübingen auf der Zwingermauer sein Leben beschließen, mit der Flöte in der Hand und dem Blick auf die Platanenallee mitten im Neckar, um die herum noch heute die Korpsstudenten einmal im Jahr ihr turbulentes „Stocherkahnrennen" veranstalten.

In Lauffen im Unterland, einem Städtchen in „artiger Lage", wo der Fluß „zwischen engen Hügeln hindurchgeht" (Goethe), hatte Hölderlin sein schwäbisches Arkadien betreten. In Nürtingen war er im Haus des Stiefvaters und Bürgermeisters Christian Gok aufgewachsen, hatte am Neckarufer auf dem Rücken gelegen und seiner kleinen Schwester aus den Wolken vorgelesen. „Da ich ein Knabe war", hatte er die sanften Züge „des Gebirgs", der Schwäbischen Alb, in sich aufgesogen. Am Tübinger Neckar traf er Wilhelm Friedrich Hegel und Friedrich Wilhelm v. Schelling, für Stuttgart schrieb er seine „Elegie", die den Fluß auch als Strom der Ordnung in einem vaterlandslosen Landstrich rühmt:

> Aber der Meister pflegt die
> Mitte des Landes, die Furchen
> Ziehet der Neckarstrom, ziehet den
> Segen herab.

Dem Neckar hat er auch eines seiner wichtigsten Gedichte gleichen Namens gewidmet:

> In deinen Tälern wachte mein Herz
> mir auf
> Der Berge Quellen eilten hinab
> zu dir,
> Mit ihnen auch mein Herz, und du
> nahmst uns mit,
> zum stillerhabnen Rhein, zu seinen
> Städten hinunter und lustigen Inseln.

An anderer Stelle heißt es:

> doch weicht mir aus treuem Sinn
> Auch da mein Neckar nicht mit seinen
> Lieblichen Wiesen und Uferweiden.

Gemeint sind die Gefilde des klassischen Altertums, zu denen ihn eines Tages vielleicht sein Schutzgott bringen würde.

Hier wird deutlich, was Ludwig Uhland meinte, als er schrieb: „Die Schwaben sind nicht geboren, sondern gesät."

Den Neckar hat aber nicht nur Hölderlin besungen. Justinus Kerner, Ludwig Uhland, Gustav Schwab, Friedrich Sil-

„Wachstum und Vollendung", klagte Friedrich Schiller, werde den Schwaben immer wieder abgesprochen. Er selbst hat gehörig dazu beigetragen, daß der jahrhundertelange Schwabenspott verstummte.

Friedrich Schiller complained that the Swabians were always being denied "growth and perfection." He himself contributed wholeheartedly towards silencing the centuries-old ridicule of the Swabians.

cher, August Lämmle, Theodor Heuss haben sich seiner angenommen, ganz zu schweigen vom Volkslied:

Am Neckar, am Neckar,
da isch a jeder gern,
wer d'Heimat hat am Neckar ,
der sehnt sich net in d'Fern.

Die schönen Täler des Neckars haben kaum einen Dichter so geprägt wie Friedrich Hölderlin. In Lauffen geboren und in Nürtingen aufgewachsen, kehrte der Schwerkranke im Jahre 1807 an das Tübinger Ufer zurück, wo er 1790 im berühmten Stift mit Hegel und Schelling gewohnt hatte.

The lovely Neckar valleys have scarcely shaped any other poet as much as Friedrich Hölderlin. Born in Lauffen, he grew up in Nürtingen and in 1807, by now a very sick man, returned to the river bank in Tübingen, the town where he had lived in the famous seminary together with the philosophers Hegel and Schelling in 1790.

So tönt es zumindest im fröhlicheren Unterland. „Bald gras' i am Neckar" lautet ein anderes. Und mit der Strophe

Auf em Wase graset d'Hase,
unterm Wasser gampet d'Fisch,
lieber will i gar koi Schätzle
als no so en Fleadrawisch

greift der Volkston nach den Dimensionen des Couplets, das sonst nicht gerade die besondere Stärke der Schwaben ist. Freilich: So wie den Rhein hat man den Neckar nicht besungen. Dies hängt wohl mit der schwäbischen Mundart zusammen, die für das Elegische nicht taugt. Selbst Friedrich Schiller mußte sich das Gespött seiner nichtschwäbischen Dichterkollegen anhören, weil er hin und wieder „Sträuche" auf „Teiche" reimte, „König" auf „untertänig", „Scheiden" auf „Freuden", „wünschen" auf „Menschen" oder „Reh'"auf „Höh'". „Traurig genug", klagt der junge Schiller in einem Brief, „daß ich auch an mir die gehässige Wahrheit bestätigt sehen muß, die jedem freien Schwaben Wachstum und Vollendung abspricht."
Aus Tübingen wird von einem Kunstprofessor namens Köstlin erzählt, der in die Geschichte schwäbischer Kunstdeutung mit dem Satz einging: „Das Schenste in der blaschtischen Kunscht ischt der Bruschtkaschten der Fenus von Milo."
Hinzu kommt die wenig ausgeprägte Begabung der Schwaben für die Musik, die wiederum eine direkte Folge einer streng pietistischen Erziehung sein dürfte. Da wurde alles Singen für Teufelswerk gehalten, sobald es über die frommen Choräle eines Paul Gerhardt hinausging. Wenn man denn mit dem Kontrapunkt hinkommen könnte, so wäre dies durchaus eine Sache für die Schwaben. Denn das Gefühl, daß alles Ding zwei Seiten habe – das haben sie von ihrem Hegel gewiß gelernt. „So isch's no au wieder" ist eine Wendung, die aus der Tiefe der schwäbischen Seele kommt. Deshalb tun sie sich schwer mit der Harmonie, ohne die es eben keine schwärmerischen und schon gar keine weinseligen Lieder über ihren Nationalfluß geben kann. „Schwerblütig, unvermögend, sich aus sich herauszuleben", charakterisierte der Schriftsteller Friedrich Theodor Vischer das Völklein am Neckar, „viel Talent, aber da stellt sich das t und l um: Talent bleibt latent."
Sieht man einmal von Friedrich Silcher, dem populären Liederdichter aus dem Remstal ab, so ist am Neckar kein Komponist von Rang gewachsen. Am Stuttgarter Hof wurde Gebrauchsmusik im italienischen und französischen Stil betrieben. Wolfgang Amadeus Mozart wandte sich mit Grausen ab, als er im Jahr 1777 auf der Suche nach einer Anstellung auch in Stuttgart bei Operndirektor Niccolo Jomelli seine Aufwartung machte. Und Johann Wolfgang v. Goethe amüsierte sich 1797: „Leider dienen die Zeitumstände den Obern zu einer Art Rechtfertigung, daß man die Künste, die mit wenigem hier zu erhalten und zu beleben wären, nach und nach ganz sinken und verklingen läßt."

Nach Regiswindis, der Kinderheiligen des Landes, ist diese Lauffener Kirche benannt. Fünf spätgotische Gemälde in der Kirche erzählen die Legende: Regiswindis wurde von einer Amme getötet und in den Neckar geworfen, aber mit roten Bäckchen und gekreuzten Armen wieder herausgefischt.

This church in Lauffen is named after Regiswindis, the state's patron saint of children. Five Late Gothic paintings in the church relate the legend of how Regiswindis was killed by her nurse and thrown into the Neckar, only to be fished out again with rosy cheeks and folded arms.

Friedrich Hölderlin wurde der Ort zur Mutterstadt: Nürtingen mit seiner St.-Laurentius-Kirche, ein Ort schwäbischer Innerlichkeit. Auch Eduard Mörike, Friedrich Schelling, Ottilie Wildermuth und Peter Härtling wuchsen hier auf.

Nürtingen with its St Laurentius Church, a centre of Swabian spirituality, was adopted by the poet Friedrich Hölderlin as his home town. Writer Eduard Mörike, philosopher Friedrich Schelling, Ottilie Wildermuth and Peter Härtling grew up here.

Den „zweiten Mélac" hat man ihn genannt, den württembergischen „Kanaldirektor" Otto Konz, der mit der Kanalisierung des Neckars von Mannheim bis Plochingen dem rohstoffarmen Land Württemberg „das Tor zum Meer" eröffnete, wie es der Plochinger Bürgermeister 1968 bei der Eröffnung seines Hafens stolz formulierte. Ezéchiel Graf von Mélac war jener blutrünstige General des französischen Sonnenkönigs Ludwig XIV., der vor 300 Jahren in dessen Auftrag weite Teile der Pfalz verwüstete und dabei im Jahr 1689 auch das Heidelberger Schloß anzündete.

Konz war es, der sich im Auftrag der Weimarer Reichsregierung nach dem Ersten Weltkrieg daranmachte, den „reißenden Fluß" zu einer Großschifffahrtsstraße für 1200-Tonnen-Schiffe auszubauen und ganz nebenbei auch die verheerenden Hochwasser zu bändigen, die bis dahin alljährlich im Frühjahr und im Herbst weite Teile des Neckarlandes überschwemmten. 26 Schleusen waren dafür nötig, besonders viele davon im idyllischen Neckartal von Heidelberg, wo deshalb jahrelang ein erbitterter Kampf zwischen Befürwortern und Gegnern des Projektes tobte. Theodor Heuss befürwortete den Kanalbau, während viele ältere Professoren eine „zweite Zerstörung Heidelbergs" befürchteten. Deshalb nannte man Konz den „zweiten Mélac".

Zankapfel war vor allem der „Hackteufel", ein oberhalb der alten Karl-Theodor-Brücke liegender Granitblock, der auf alten Heidelberg-Stichen noch zu sehen ist und der den Ingenieuren im Weg war. Aber auch der Bau einer Schleuse, ausgerechnet an der engsten und schönsten Stelle des Neckartals, bewegte die Gemüter. Immerhin hatte der Neckar hier, umrahmt von den 300 Meter hohen Hängen des Odenwaldes, ein Gefälle von 1,6 Promille. Aber Otto Konz, der „Tübinger Dickschädel", wie man ihn in Heilbronn nannte, setzte sich durch. Heute soll der Koloß des Heidelberger Stauwehrs wenigstens insoweit geschleift werden, als an die Stelle des alten Wasserkraftwerks ein neues Unterwasserwerk gebaut werden soll, damit das Heidelberger Panorama nicht beeinträchtigt wird.

Die Industrie des Landes drängte damals auf den Neckarkanal. In Stuttgart beispielsweise war die Saarkohle im Jahr 1856 um 56 Prozent teurer als in den reviernahen Gebieten. Dieser Mangel war mit ausschlaggebend dafür, daß im Herzen des Landes die transportgünstigere und später so krisensichere Feinindustrie aufgebaut wurde. Da die Stadt obendrein nicht am Neckar, sondern an einem Rinnsal namens Nesenbach liegt, konnte sie auch nicht, wie das benachbarte Cannstatt, wie Heidenheim an der Brenz oder Sulz, die Wasserkräfte zur Industrialisierung nutzen. Während sich in Esslingen die Fabrikanten gegenseitig das Neckarwasser abgruben, reichte es den Stuttgartern gerade für die Morgentoilette ihrer vornehmen Residenzstadt.

Dabei waren die Pläne, dem Land das „Tor zum Meer" zu öffnen, schon mehr als 500 Jahre alt. Doch stand ihnen die mächtige Reichsstadt Heilbronn im Weg, die von Ludwig IV. schon im Jahr 1333 das Recht erkämpft hatte, „den Neckar zu wenden und zu kehren" und dies dazu eingesetzt hatte, „den Neckar zu verrammeln", wie ein Chronist schrieb. Vergeblich wetterten die württembergischen Herzöge, Heilbronn wolle als „Klein-Venedig alle Handelssachen an sich ziehen".

Den innerwürttembergischen Ausbau des Stromes zwischen Heilbronn und Plochingen wiederum blockierte die Reichsstadt Esslingen, die sich ebenfalls „allerhand rationes und obstacula" einfallen ließ, „warum solch Navigations-Werck impoßible und nicht practicable seye".

Trotzdem gab es bereits von Mannheim bis Heilbronn die Treidelschiffahrt, die der „Huckleberry-Finn"-Autor Mark Twain in seinem „Bummel durch Europa" Ende des vergangenen Jahrhunderts so anschaulich beschrieben hat: An einer 116 Kilometer langen Kette, die auf dem Flußgrund lag, zogen Dampfschiffe keuchend bis Heilbronn empor.

Der Bau der Großschiffahrtstraße wurde erst durch den Wegfall der Grenzen

und durch die hohe Arbeitslosigkeit nach dem Ersten Weltkrieg begünstigt. Das Reich gründete eine „Neckar-Aktiengesellschaft", die heute noch besteht, und deren Bundesanteile im Jahr 1994 zum Verkauf ausgeschrieben wurden. Damit die Arbeiter im Jahre 1922 ihr Geld ohne allzu hohe Inflationsverluste entgegennehmen konnten, setzte Otto Konz sogar einen eigenen Geldboten der Neckar AG ein, der am Abend die Löhne in Berlin abholte und mit dem Nachtzug nach Heilbronn fuhr. Am Morgen wurde ausbezahlt, damit die Arbeiter das Geld noch vor der Bekanntgabe der neuesten Geldentwertung fürs Allernötigste ausgeben konnten.

Im Jahr 1935 waren die ersten elf Staustufen zwischen Mannheim und Heilbronn fertig, 1956 fuhren die 1200-Tonnen-Schiffe bis Stuttgart und 1968 bis Plochingen. Wurden 1939 noch zwei Millionen Tonnen Frachtgut auf dem Fluß auf- und abwärts bewegt, so war das Frachtaufkommen im Jahr 1965 auf das Sechsfache gestiegen. Eigentlich sollte der Neckarkanal sogar über die Fils und über die Schwäbische Alb zur Donau nach Ulm weitergebaut werden. Schon vor 150 Jahren wurden Untersuchungen angestellt, die besagten, daß die Überwindung des 300 Meter hohen Gebirges mit komplizierten Schiffshebewerken machbar und sogar günstiger sei als der inzwischen gebaute Rhein-Main-Donau-Kanal. Noch vor zwanzig Jahren waren die Bürgermeister der Filstalgemeinden gehalten, Grundstücke der Neckar AG für den Kanalbau freizuhalten. Inzwischen aber ist das ehrgeizige Projekt zu den Akten gelegt. Plochingen ist seither das Obertor Baden-Württembergs zur Nordsee.

Ein Idyll aus vergangenen Zeiten: Durch einen Tunnel unterhalb des Rosenstein-Schlosses (rechts) überquerte im Jahre 1840 die neugebaute „Hauptbahn" den Neckar von Stuttgart in Richtung Süden.

An idyll from a bygone age. In 1840 the newly-built "mainline" crossed the Neckar from Stuttgart towards the south via a tunnel beneath the castle of Rosenstein (right).

Der Neckarkanal hat aber nicht nur der Industrie im Herzen Württembergs große Vorteile gebracht. Auch Ausflugsdampfer fahren seither im Sommer regelmäßig von Bad Cannstatt aus zwischen den Weinbergen des Unterlandes, vollbesetzt mit weinseligen Ausflüglern, die das „Bald gras' i am Neckar" nicht minder mächtig anstimmen als die Touristen am Binger Loch das „Wie ist es am Rhein so schön". Otto Konz hat von sich behauptet: „Mein Schicksalsstrom ist der Neckar. An ihm bin ich, sind meine Frau und unser Sohn geboren. Und der Neckar ist Inhalt meines beruflichen Lebens."

Früher Erbfeind der Württemberger, behauptet die ehemals Freie Reichsstadt Esslingen heute ihren Platz im Weichbild der Landeshauptstadt Stuttgart. Die spätgotischen Türme der Dionysiuskirche bewachen wie immer die Neckarübergänge.

The former Free City of Esslingen, once arch-enemy of Württemberg, now holds its own within the city precincts of Stuttgart, the state capital. The Late Gothic towers of St Dionysius' Church stand guard over the Neckar river crossings just as they have done for centuries.

Als Goethe im Jahr 1797 nach Stuttgart, der Metropole des damaligen Herzogtums Württemberg kam, notierte er mit dem scharfsinnigen Blick des Reisenden: „Stuttgart hat eigentlich drei Regionen und Charakter; unten sieht es einer Landstadt, in der Mitte einer Handelsstadt und oben einer Hof- und wohlhabenden Partikulierstadt ähnlich.“ Tatsächlich spiegelt die Schwabenmetropole wie kaum eine andere Stadt auch heute noch die Vielfalt des Landes wider, dessen Herz sie ist.

Hier wurde in einem heute noch vorhandenen Häuschen in der Eberhardstraße der wohl schwäbischste aller Philosophen, Friedrich Hegel, geboren. Hier sollte Friedrich Schiller als Zögling der „Hohen Karls Schule“, der Militärakademie des Herzogs, zu Ordnung, Reinlichkeit und Pünktlichkeit getrimmt werden. Sein Privileg: Als einziger der bürgerlichen Eleven durfte er die Haare pudern, weil sie von Natur aus rot waren, was der Herzog angeblich nicht leiden konnte. Sein Schauspiel „Die Räuber“ allerdings konnte er in Stuttgart nicht aufführen, nur insgeheim im Bopserwald seinen Freunden vorlesen, wovon ein berühmter zeitgenössischer Stich zeugt. Schiller floh ins liberale kurpfälzische Mannheim, weshalb die Badener noch heute behaupten, der große Schwabe Schiller sei eigentlich ein Adoptivsohn vom Rhein.

In Stuttgart wurde nach einem langen Kampf im Jahr 1956 das im Krieg zerstörte „Neue Schloß“ wiederaufgebaut, ein kleines Versailles, das sich der Barockfürst Karl Eugen neben dem „Alten Schloß“ aus der Renaissancezeit genehmigte und dafür die Steuereinnahmen des Herzogtums von zwölf Jahren verbaute. Hier steht auch die Neue Staatsgalerie des britischen Architekten James Stirling von 1984, ein postmoderner Bau, den die Stuttgarter anfangs genauso bekämpften wie ihren Schiller. Inzwischen sind sie auf beide mächtig stolz.

Stuttgart ist auch die Beamtenstadt des Landes und macht damit die Erinnerung an jene Zeiten von 1514 lebendig, als die Prälaten, Schultheiße und Vögte bereits gegen Fürstenwillkür aufbegehrten. Einen Landtag gab es jedenfalls in Württemberg schon, als Merry Old England von Demokratie erst zu träumen wagte. In dieser Versammlung schlossen sich die weltlichen Schreiber aus dem Amtsstädtchen mit den Zöglingen des Tübinger Stifts zusammen, um den Herzögen die Grenzen ihrer irdischen Macht aufzuzeigen: die einen, indem sie ihnen die Steuern für ihre Kriege, Schlösser und Mätressen verweigerten, die anderen, um „zu Dero Thron und Fürstenstuhl hinzutreten, die unwürdige Hand auf Dero Brust zu legen und das, was Dero zeitliches und ewiges Heil befördern kann, demütigst erinnern zu dürfen“.

Stuttgart ist aber auch die Schlosserei des Landes, mit Daimler-Benz im Vorort Untertürkheim und der Robert Bosch GmbH auf der Schillerhöhe hoch in den Wäldern. Eine kluge Ansiedlungspolitik der Nachkriegszeit zog weitere Weltfirmen wie IBM in die schwäbische Stadt. Hätte sie genug Raum gehabt, so wäre sie in der Folgezeit nicht durch einen „Speckgürtel“ eingeschnürt worden, von Nachbarstädten nämlich wie Sindelfingen oder Böblingen, die am Backofen der Industriemetropole aufgehen wie schwäbische Dampfnudeln.

Stuttgart liegt in einem Talkessel, „zwischen Wald und Reben“, wie früher ein Werbespruch hieß, wo man mitten in der Stadt so ziemlich alles antreffen kann, was das Neckarland zu bieten

hat: Gleich hinter dem Hauptbahnhof zieht sich der Kriegsberg, eine der besten Weinlagen Württembergs, in die Höhe. Schon vor hundert Jahren prägten französische Beobachter den für den schwäbischen Wein wie den schwäbischen „Gütles“-Fleiß gleichermaßen schmeichelhaften Satz: „Wenn man in Stuttgart die Trauben nicht lesen würde, würde die Stadt im Wein ersaufen.“ Oben am Fernsehturm vermutet man die Buchenwälder der Schwäbischen Alb, und auf den Höhen der „Filder“, wo der legendäre Spitzkohl für das Sauerkraut wächst, glaubt

Stuttgart, wie sich die Stadt im Jahre 1837 vom Bopser aus in Richtung Killesberg und Burgholz darbot. Die Stiftskirche (Mitte) und die beiden Schlösser (rechts) prägen auch heute noch das Stadtzentrum.

Stuttgart as it appeared in 1837 looking from the Bopser toward Killesberg and Burgholz. The collegiate church (centre) and the two palaces (right) are still distinctive features of the city centre.

man die fruchtbaren Ebenen des Unterlandes oder des „Gäus“ wiederzufinden. Ulrich von Hutten hat dieses Mosaik aus Stadt, Land, Himmel und Hügeln schon gerühmt und dafür den auch heute noch gerne zitierten Satz gefunden: „Es geit bloß oi Stuegert“.

Nur ein Dorn steckt schmerzlich im Gemüt der Stadt: Den Neckar, den hat der Vorort Bad Cannstatt für sich vereinnahmt. Stuttgart muß sich statt dessen mit dem Nesenbach begnügen, einem kläglichen Rinnsal, von dem ein Reisender im vergangenen Jahrhundert schrieb: „Alles sehr schön, nur der Nesenbach verdirbt alles.“ Damals plätscherte der Bach noch als Abwasserkanal durch die alte Stadt. Heute verläuft er unterirdisch, und Stuttgart kann statt dessen mit anderen Wässern auftrumpfen: den Mineralbädern Berg und Leuze, die inzwischen zu Treffpunkten der gesundheitsbewußten Großstädter geworden sind.

Freilich, Stuttgart steht nicht nur in Konkurrenz zu Bad Cannstatt. Im Norden hatte der ruhmsüchtige württembergische Herzog Eberhard Ludwig im Jahr 1704 in Ludwigsburg den Grundstein für eine weitere Residenz für sich und seine berüchtigte Mätresse Wilhelmine Reichsgräfin von Graevenitz gelegt, „das Mensch“, wie die Dame aus Mecklenburg bei den Schwaben hieß. Sechs Jahre lang tobte der Kampf zwischen den frommen Landständen und dem Herzog um sein unanständiges Verhältnis. Der Hofprediger verweigerte dem Herrn zeitweise sogar das Abendmahl. Als der Fürst ihn einmal zwang, eine Kanzelbemerkung zurückzunehmen, wonach „die Graevenitz“ es nicht einmal wert sei, daß man ihr ins Gesicht spucke, sagte er öffentlich am Sonntag darauf: „Sie ist es wert.“

Der Herzog wiederum drohte den Stuttgarter Hoflieferanten und Handwerkern, die Residenz in das Barockschloß Ludwigsburg zu verlegen, weshalb man fortan in Stuttgart mit besonderer Inbrunst das Abendgebet sprach: „Herr bleibe bei uns, denn es will Abend werden“. Am Ende mußte die Graevenitz das Land verlassen, aber die Haushofmeisterin kehrte heimlich in Schloß und Bett des Herzogs zurück: als trickreich außer Landes verheiratete Gattin eines Diplomaten namens von Würben, wogegen die Landstände nichts unternehmen konnten.

Die „gute Stube des Landes“ ist heute das Neue Schloß in Stuttgart. Der Barockbau war im Zweiten Weltkrieg fast völlig zerstört worden. Eine Bürgerinitiative verhinderte, daß an seiner Stelle ein Kaufhaus gebaut wurde.

Today the New Palace in Stuttgart is the state's showpiece. The Baroque building was almost totally destroyed in World War II. A pressure group formed by concerned citizens ensured that it was not replaced by a department store.

Der Brite James Stirling ist der Architekt der neuen Staatsgalerie in Stuttgart, einer postmodernen Collage von 1984 aus Travertin, Stahl und Glas. So umstritten er anfangs war, so stolz sind die Hauptstädter jetzt auf diesen Bau.

The New State Gallery in Stuttgart was designed by British architect James Stirling. Dating from 1984, it is a post-modernist collage in travertine, steel and glass. Originally surrounded by controversy, the building is now the state capital's pride and joy.

Merkwürdig einsam steht im Ludwigsburger Favoritenpark das barocke Favorite-Schlößchen (1717–1719) des Italieners Donato Giuseppe Frisoni. Es ist ein Teil der mächtigen Schloßanlage, ein „Klein-Versailles“, das nach dem berühmten französischen Vorbild errichtet wurde.

The little Baroque palace of Favorite dates from 1717–1719. Designed by Italian architect Donato Giuseppe Frisoni, it stands strangely alone amidst the Favorite Park in Ludwigsburg. It is part of the mighty Ludwigsburg palace complex, a “mini-Versailles” built on the model of the famous French original.

Überall sind sie gegenwärtig, die Götter, von denen allein der württembergische „Sonnenkönig“ Herzog Eberhard Ludwig seine Allmacht ableiten mochte: die Spiegelgalerie im Ludwigsburger Schloß.

The presence of the gods, from whom alone the Württemberg “Sun King” Duke Eberhard Ludwig claimed to derive his omnipotence, is felt everywhere here in the Mirrored Gallery in the palace of Ludwigsburg.

Im Kapitel über Stuttgart war schon die Rede davon, daß die Stadt im Wein ertrinken würde, wenn die Trauben nicht geerntet würden. Dies kann, auch wenn zu Füßen eines württembergischen Weinbergs nicht immer eine Stadt zu finden ist, für das ganze Neckarland unterhalb von Tübingen gelten.

Ein Wirtemberger ohne Wein,
kann das ein Wirtemberger seyn?

dichtete Friedrich Schiller, der schon als Marbacher Kind die steilen Muschelkalkhänge von Benningen, Großbottwar oder Neckarweihingen durchstreifte.

Den berühmten Dichternamen verwendete denn auch ein kluger Kellermeister für den württembergischen „Schillerwein", einen hellroten, dem badischen Weißherbst oder dem Rosé jedoch nur äußerlich verwandten Getränk. Während nämlich diese Verwandten des „Schiller" aus blauen Trauben gekeltert werden, werden bei ihm blaue und weiße Trauben gemeinsam gepflanzt, gelesen und gepreßt.

Den Weinbau haben, wie so vieles andere auch, die Römer nach Württemberg gebracht. Weil der Neckarwein zu Zeiten des schwäbischen Kaisers Barbarossa weltberühmt wurde, kletterten die Reben im Mittelalter sogar bis an den Oberlauf des Neckars bei Rottweil und die kalten Hänge der Schwäbischen Alb bis auf 800 Meter über NN hinauf, wie die vielen Flurnamen „Weinberg" heute noch beweisen. „Neckarwein macht bös'" hieß es damals. Als Prinz Eugen, der Sieger über die Türken, das Neckarland bereiste, soll er auch den besonders „räßen" (sauren) Reutlinger Wein gekostet und entsetzt ausgerufen haben: „Lieber noch einmal Belgrad einnehmen als einen Schluck Reutlinger". Aus einer Chronik der Stadt Weinsberg wird von einem „Wengerter" berichtet, der seine Weine danach zu unterscheiden pflegte, ob es „a aiges G'wächs isch, den haw i baut" oder ein Säuerling, „wie en halt unser Herrgott hat wachse' lasse".

Eine kluge Weinbaupolitik hat in den Nachkriegsjahren konsequent den Rückzug aus den Grenzlagen angetreten. Wein wird im Neckarland heutzutage nur noch dort angebaut, wo die Gewächse beste Ergebnisse abwerfen: Das sind bei den Rotweinen die National-Sorte Trollinger in den Brenngläsern der Neckarbuchten, aber auch der Schwarzriesling, der Samtrot oder der Lemberger, der Lieblingswein von Theodor Heuss. Unter den Weißen wären Riesling, Silvaner und Müller-Thurgau zu nennen.

Sebastian Blau hat folgende Charakterisierung für den Württemberger gefunden: „Er ist nicht leichtsinnig, kein Blender, sondern hat es mehr in sich; er wirft sich nicht jedem Hergelaufenen aufdringlich an den Hals, sondern will verstanden sein, damit er seine Heimlichkeiten entfalte; er steigt weniger zu Kopf, als daß er tief im Geblüt brennt". Übrigens: Die Neckarschwaben trinken ihren Tropfen unter sich. Außerhalb des Landes ist er kaum zu bekommen. Es heißt, daß die Schwaben 98 Prozent ihrer Ernte selbst konsumieren, und selbst der bescheidende Rest von zwei Prozent sei für die baden-württembergische Landesvertretung in der Bundeshauptstadt reserviert, wo man sich freilich die Lagerzeit auch nicht allzu lange vorstellen darf. Drei Minister der Landesregierung sind denn auch Herren über die besten Weinlagen: der Landwirtschaftsminister mit seiner Weinbau-Versuchsanstalt in Weinsberg, der Justizminister mit Weinbergen eines Gefängnisses in Talheim bei Heilbronn und der Finanzminister als Herr über jene Lagen, die nach der Revolution von 1919 aus fürstlichem in Landesbesitz übergegangen sind. Auch Stuttgart unterhält ein eigenes, städtisches Weingut. Die besten Lagen aber sind nach wie vor in der Hand der Herzöge von Württemberg: der Maulbronner „Eilfinger Berg" etwa oder das „Stettener Brotwasser".

So ziehen sich die Weinberge von Esslingen bis weit unterhalb von Heilbronn hin, mit dem Käsberg von Mundelsheim, dem Schalkstein von Besigheim, dem Stiftsberg in Heilbronn oder dem Scheuerberg von Neckarsulm. Wem das nicht reicht, der kann auch ein paar Abstecher in die Seitentäler der Bottwar machen, ins Zabergäu, in den Stromberg und bis Maulbronn abzweigen, und er wird immer neue Tröpfchen mit einem neuen „Bodeg'fährtle" (Körper) oder mit einem anderen „Schwänzle" (der Duft nach dem Schlucken) finden. In solchen Superlativen darf man sich getrost auf Friedrich Hölderlin berufen:

Seliges Land!
Kein Hügel in Dir
Wächst ohne den Weinstock.

Man kann verstehen, daß die Schwaben eigentlich nur dann ins fassungslose Schwärmen geraten, wenn sie ihren Trollinger vor sich haben:

Was wollt ihr Kneipen all von mir?
Mein Bleiben ist nicht mehr allhier;
winkt nicht mit eurem langen Arm
macht mir mein durstig Herz
nicht warm!

Nicht der Most aus Äpfeln und Birnen ist das Nationalgetränk der Schwaben, sondern seit römischen Tagen der Wein. Selbst in Zeiten großer Hungersnöte wie im ersten Drittel des letzten Jahrhunderts, gab es in den Kerngebieten des Weinbaus (wie hier bei Heilbronn) immer noch Trauben zu lesen.

The Swabian national drink is not cider and perry made from apples and pears, but wine – as indeed it has been ever since Roman times. Even in times of great famine such as the first thirty years of the last century, in the wine-growing heartlands (as for example here near Heilbronn) there were still grapes to pick.

schrieb Gustav Schwab in jener für die Schwaben charakteristischen Spannung zwischen Lust und Last. Und Theodor Heuss behauptete, „wer bei uns nix trinkt, isch z'faul zum Schlucke".

Zur schwäbischen Weinkultur gehören auch die „Besenwirtschaften", das sind nur während der Weinlese geöffnete Wohnstuben der Wengerter, wo bei Zwiebelkuchen der „Neue" ausgeschenkt wird und die Reinhold Maier, der erste Nachkriegsministerpräsident Baden-Württembergs, rundweg die „Keimzelle der schwäbischen Demokratie" zu nennen pflegte.

Besondere Berühmtheit hat der „Täleswein" von Neuffen am Fuß der Schwäbischen Alb erlangt. Es handelt sich um einen herben Silvaner für Fortgeschrittene, der gleichwohl das Verdienst für sich in Anspruch nehmen kann, an der Gründung des Landes Baden-Württemberg einen gehörigen Anteil gehabt zu haben. Auf dem Hohenneuffen, einer geschleiften Festung, trafen sich am 2. August 1948 die Ministerpräsidenten des durch Besatzungswillkür geteilten Landes, um über die Vereinigung zu beraten. Reinhold Maier schreibt: „Das Essen war frugal, dem Verbrauch an Neuffener Täleswein waren keine Grenzen gesetzt", zumal der Wein im Jahr 1945 von der Lebensmittelzwangswirtschaft ausdrücklich ausgenommen worden war.

Wieviel die Herren Heuss, Maier, Wohleb, Müller, Fecht und wie sie alle hießen, seinerzeit getrunken haben – dieses Geheimnis hat ein diskreter Ministerialrat namens Karl Ströle, der seinerzeit die Rechnung beglich, mit ins Grab genommen. Reinhold Maier, der Gastgeber, verriet nur soviel: „Ströle kennt die Quantität, umgerechnet in Hektoliter, Liter, Viertelliter." Jedenfalls sei es eine „astronomische Zahl" gewesen. Politische Ergebnisse gab es allerdings nicht, nur eine zerbrochene Telegraphenstange, die der Chauffeur eines Staatssekretärs umgelegt hatte. Bis das Land Baden-Württemberg endlich vereinigt war, sollten allerdings noch fünf Jahre voll zäher Kämpfe vergehen – trotz des „Tälesweins".

Von den Staufern belagert, von Bauern zerstört und von Justinus Kerner im Jahre 1823 teilweise wiederaufgebaut, wurde sie zum Sinnbild femininer Standhaftigkeit: Burg Weibertreu bei Weinsberg.

The castle of Weibertreu (Women's Loyalty) near Weinsberg, a symbol of feminine steadfastness on account of a 12th-century act of bravery in time of war. It was besieged by the Staufens, destroyed during the Peasants War and partly rebuilt by Justinus Kerner in 1823.

Wasser, Wein und wehrhafter Bürgersinn treffen in dem ehemals badischen Burgenstädtchen Besigheim aufeinander. Am Zusammenfluß von Neckar und Enz gelegen, hat es die Wirren der zahlreichen Machtkämpfe einigermaßen heil überlebt.

In the former Baden fortress town of Besigheim water, wine and true civic sense come together. Situated at the confluence of the rivers Neckar and Enz, it has survived more or less intact, despite the turmoil of numerous struggles for power during the course of the centuries.

Droben im Oberland,
da isch der Wind so kalt,
drunten im Unterland,
do isch's halt fei.

So heißt es in einem schwäbischen Volkslied, und dies kennzeichnet das Neckarland zwischen Stuttgart und dem Odenwald treffend. Das „Unterland" beginnt rein geografisch unterhalb der „Neuen Weinsteige" in Stuttgart. Es beherbergt die fruchtbaren Weinhänge und den geschäftigen Industriefleiß, es liefert das Salz von Bad Friedrichshall, und dort stampfen die schwerbeladenen Partikulierschiffe auf dem Fluß, die den Rohstoffreichtum ins Land tragen.
So richtig beginnt das Unterland aber erst in Marbach, dem Geburtsort Friedrich Schillers mit seinem Nationalmuseum, wo man seit 1955 schwäbisches Geistesleben von Christoph Martin Wieland, Christian Friedrich Schubart, Friedrich Hölderlin, Justinus Kerner und Ludwig Uhland bis hin zu Eduard Mörike und Hermann Hesse am Original studieren kann. Selbst die britische Königin Elizabeth II. kam im Jahr 1964 bei ihrem Staatsbesuch in Deutschland an Marbach nicht vorbei, freilich wegen eines Irrtums: Als Stuttgarter Protokollbeamte im Buckingham Palast nachfragten, ob die hohe Frau auch Marbach besuchen wolle, gab es begeisterte Zustimmung. Die Pferdeliebhaberin hatte das Landgestüt gleichen Namens auf der Schwäbischen Alb im Sinn. Kurt Georg Kiesinger dagegen, der belesene Regierungschef, führte den Gast nach Schiller-Marbach.
Zentrum des Unterlandes ist das fränkische Heilbronn, die Stadt des „Käthchens" von Heinrich von Kleist, eine ehemals stolze Reichsstadt, deren Blockadepolitik am Neckar wir im Kapitel über den Neckarkanal bereits kennengelernt haben. „Die Hauptstraßen sind meist rein", notierte bereits Goethe im Jahr 1794 und scheute sich nicht, die Stadt mit seiner Heimatstadt Frankfurt am Main auf eine Ebene zu stellen. Freilich vergaß der berühmte Reisende nicht anzumerken, daß in Heilbronn „auch keine Juden gelitten" werden.
Im Zweiten Weltkrieg ist Heilbronn von schweren Luftangriffen getroffen worden. Ein Bild von der zerstörten Kilianskirche als Mahnmal gegen den Krieg ging damals um die Welt. Robert Mayer, der das Energiegesetz fand, stammt aus der Stadt. Von Heilbronn gibt es auch einen frühen archivalischen Beleg über jenen Filz in der Obrigkeit, den die Schwaben „Vetterleswirtschaft" nennen: Als die aufrührerischen Bauern im Bauernkrieg von 1525 auch vor die Tore Heilbronns zogen, stand der Kampf gegen die „Vetterlinswirtschaft" ganz oben in ihrem Forderungskatalog.
Dafür ist die Nachbarstadt Weinsberg in einem weitaus angenehmeren Zusammenhang in die Weltgeschichte eingegangen. „Weibertreu" heißt noch heute die Burgruine, vor der sich im Dezember des Jahres 1140 eine rührende Geschichte abspielte: Der Stauferkaiser Konrad III. hatte die Burg monatelang belagert. Als die Besatzung endlich aufgab, wurde den Frauen neben dem freien Abzug ein einziger Wunsch gewährt: Sie durften unbehelligt mitnehmen, was ihnen „das Liebste" wäre. In langer Reihe kamen sie den Burgweg herunter – und jede trug ihren Mann auf dem Rücken. „Die Kleinste", schildert ein Chronist die Heldinnentat, „die den Reihen anführte, trug sogar den Schwersten, ob sie gleich unter der Last niedersinken möchte." Die Erinnerung an die treuen Frauen von Weinsberg hielt freilich den Bauernführer Jäcklein Rohrbach im Jahr 1525 nicht davon ab, die Burg in Schutt und Asche zu legen. Seither nahmen sich immer wieder junge Leute ein Steinchen mit, um ihrer Geliebten ein andeutungsvolles Geschenk zu machen.
Erst der Weinsberger Oberamtsarzt Justinus Kerner nahm sich 1823 des Elends der Ruine an. Er gründete einen Frauenverein, der Spenden für den Wiederaufbau sammelte. Seither steht sie wieder da, die „Weibertreu", und

blickt mächtig auf das riesige Autobahnkreuz Weinsberg hinab, an dem sich seit 1972 die Fernstraßen aus Würzburg, Nürnberg, Mannheim und Stuttgart treffen.
Zum Unterland gehört selbstverständlich auch Bad Wimpfen, die ehemalige Kaiserpfalz der Staufer, die bis zum Jahr 1803 eine hessische Exklave mitten im Unterland war, damals freilich schon so verarmt, „daß Württemberg sie nicht einmal geschenkt haben wollte", wie ein Spötter meinte. Bis in die siebziger Jahre unseres Jahrhunderts hinein hörten die Protestanten in der türmereichen Stadt noch auf den hessischen Landesbischof.
Talabwärts, wo sich der Neckar immer tiefer in den Odenwald eingräbt, reiht sich Burg an Burg. Auf Guttenberg saß

ein freisinniges Geschlecht, das jahrhundertelang ein Zentrum für Literaten und Künstler bildete. Gundelsheim wurde vom Deutschen Ritterorden beherrscht.

Burg Guttenberg steht für frühen aufklärerischen Geist in Franken. 1521 konvertierte Karl von Guttenberg zum Protestantismus und verfiel deshalb der Reichsacht. Unter dem Geschlecht derer von Gemmingen wurde die Burg Treffpunkt für Künstler und Literaten.

Guttenberg Castle is a symbol of an early spirit of enlightenment in Franconia. In 1521 Karl von Guttenberg turned Protestant and was outlawed by the Emperor. Under the patronage of the von Gemmingen family the castle became a meeting place for artists and writers.

Hornberg wiederum, die aus zwei Burgen zusammengewachsene Anlage, ist das Mekka der Verehrer des Reichsritters „mit der eisernen Hand“, Götz von Berlichingen, zu dessen Andenken in Jagsthausen an der Jagst alljährlich Freilichtspiele abgehalten werden. Im Jahr 1562 ist er auf Burg Hornberg gestorben, 45 Jahre zuvor hatte er sie gekauft. Er hatte sich überall eingemischt, wo es damals Händel in Oberdeutschland gab. Zuletzt war er wider Willen gar noch Anführer der aufrührerischen Bauern im Odenwald gewesen, keinesfalls aber, wie Goethe dies beschrieb, um der Bauern willen, sondern um mit Hilfe der Revolutionäre seinen eigenen Reichtum zu mehren. Auf Hornberg wird auch eine Kugel gezeigt, die Götz im Landshuter Krieg von 1504 angeblich die Hand zerschmetterte, für die er sich von einem Kunstschmied die vielbeschriebene eiserne Prothese bauen ließ.

Goethe war es bekanntlich auch, der einem berühmten Satz zum Eingang in die Weltliteratur verhalf, jenem „L.m.i.A“, das Götz einem kaiserlichen Abgesandten vom Burgfenster aus entgegenschleuderte und das seither als „schwäbischer Gruß“ weltbekannt ist. Daß Götz gar kein Schwabe war, sondern ein Franke, gehört zu den vielen Eigentümlichkeiten des Schwabenbildes in der Welt. Auch von den „Sieben Schwaben“ und ihren dümmlichen Streichen, wie sie Ludwig Auerbach in seiner schwäbischen Odyssee schildert, stammt ja allenfalls einer aus dem Gebiet des heutigen Württemberg, nämlich der „Gelbfüßler“ aus Bopfingen ganz an der bayerischen Grenze. Drei andere waren Bayern, einer ein Allgäuer und der „Seehas“ ein Badener vom Bodensee. Vom dümmsten, den Auerbach den „Nestelschwab'“ nannte, wird die Herkunft nur angedeutet. Vom Neckar jedenfalls stammte keiner der „Sieben Schwaben“.

Mit eiserner Hand machte der Ritter Götz von Berlichingen im Bauernkrieg von 1525 gemeinsame Sache mit den aufrührerischen Bauern. Seit Goethes Schauspiel gilt er auch als Urvater des „schwäbischen Grußes“.

Götz von Berlichingen, the Knight with the Iron Hand, sided resolutely with the rebellious peasants in the Peasants' War of 1525. Ever since Goethe wrote his play about Götz, the knight has been regarded as the forefather of the so-called „Swabian greeting“ of, putting it politely, „Tell your master to get lost!“

In diesem Fachwerkhaus in Marbach am Neckar wurde er 1759 geboren: Friedrich Schiller, der zum großen Sohn der Schwaben erst wurde, nachdem er „im Ausland“ Anerkennung gefunden hatte.

Friedrich Schiller was born in 1759 in this half-timbered house in Marbach on the Neckar. It was not until he had won recognition “abroad” that the Swabians acknowledged him as their greatest son.

GEBURTSHAUS
VON
FRIEDRICH SCHILLER

„Klein-Venedig“ wollte die handelsmächtige Stadt Heilbronn stets spielen. Die astronomische Uhr am Rathaus beweist, daß sich die Heilbronner mit Prag, Rotterdam und Innsbruck messen wollten.

The important commercial centre of Heilbronn has always fancied itself as a “Little Venice”. The astronomical clock on the town hall bears witness to the fact that the inhabitants of Heilbronn considered themselves on a par with Prague, Rotterdam and Innsbruck.

IUNIUS.
IULIUS.
AUGUSTUS.
MONTAG.
SOL
LUNA

Ein Filigran aus Türmen und romanischen Arkaden bietet sich beim Blick vom Neckar auf die alte Stauferpfalz Wimpfen. Nachdem ihre großen Tage vergangen waren, verfiel die hessische Exklave in grenzenlose Armut, so daß die Württemberger sie nicht einmal geschenkt haben wollten.

The view from the Neckar onto the old Staufen palace of Wimpfen presents an intricate pattern of towers and Romanesque arcades. When its heyday was over, this exclave of Hesse deteriorated so badly that the people of Württemberg were even unwilling to accept it as a gift.

KRIEGER

Hier, auf Burg Hornberg, hat er sich 1517 eingekauft, und hier saß er nach dem Bauernkrieg auch in Hausarrest: der Ritter Götz von Berlichingen mit der „eisernen Hand“.

In 1517 Götz von Berlichingen, the Knight with the Iron Hand, bought his way into the castle of Hornberg, depicted here. Here, too, he was confined under house arrest after the Peasants' War.

Für die Badener hat Heidelberg die gleiche Bedeutung wie Tübingen für die Schwaben, genauer gesagt: für die Kurpfalz, die erst in den napoleonischen Kriegen von Bayern abgetrennt und der Markgrafschaft Baden zugeschlagen wurde. Die im Jahr 1196 an der für den Neckar engsten Durchbruchspforte zwischen Odenwald, der Bergstraße („strata montana", wie die Römer sagten) und dem Kraichgau gegründete Stadt mit ihrer mächtigen Schloßruine, dem großen Weinfaß und dem „Zwerg Perkeo" ist Gegenstand für zahllose Romanzen der Weltliteratur geworden. Achim von Arnim und Clemens Brentano sammelten in Heidelberg ihr Material für „Des Knaben Wunderhorn". Friedrich Hölderlin, der einige Jahre seines Lebens hier verbrachte, dichtete:

Doch die ewige Sonne goß
ihr verjüngendes Licht über das
alternde Riesenbild,
und umher grünet lebendiger Efeu;
freundliche Wälder
rauschten über die Burg herab.

Wilhelm Meyer-Förster, der Kitschautor des ausgehenden 19. Jahrhunderts, verpflanzte sein Rührstück „Alt-Heidelberg" vom studierenden Prinzen und dem Wirtstöchterlein dorthin. Seither gehört es zum guten Ton, sein „Herz in Heidelberg" zu verlieren, und seither fehlt die Stadt in keinem Reisekatalog über Europa, der in den USA oder in Japan ausgelegt wird. Carl Maria von Weber, der Komponist des „Freischütz", soll um das Jahr 1810 in Kloster Neuburg bei Heidelberg zu Gast gewesen sein und dort in einem Gespensterbuch von der „Freikugelsage" erfahren haben. Ob es nun die Wolfsschlucht bei Zwingenberg einige Kilometer oberhalb der Stadt war, die ihn zu seiner berühmten Geisterszene im „Freischütz" anregte oder nicht doch eine Schlucht gleichen Namens an der Elbe bei Dresden, wird sich wohl nicht mehr klären lassen.

Selbst Mark Twain, dem Spötter aus den USA, versagte die Zunge, als er Heidelberg sah: Zwar hat er sich in süffisanten Worten über den Studentenkult ausgelassen, über die Paukböden und die Ehrenkäserei der Grafensöhne. Für die Stadt selbst aber fand er nur einen Ausdruck von lakonischer Ehrfurcht: „schön". So haben es wohl auch die Kurpfälzer Herren empfunden, als sie in Heidelberg ihre Residenz aufschlugen. Selbst die US-Truppen sollen im Zweiten Weltkrieg die Stadt von Luftangriffen verschont haben, weil sie Heidelberg als künftigen Sitz ihres Oberkommandos ausgesucht hatten.

Mächtig frißt sich der Neckar zwischen Odenwald und Kraichgau in den Buntsandstein. Im Lauf der Jahrmillionen hat er seinen Lauf immer wieder verändert, je höher sich der Odenwald hob. Bei Neckargemünd beispielsweise mäanderte der unter Geologen als „Kleingemünder Neckar" bekannte Fluß acht Kilometer nach Süden bis Mauer und Bammental, zu jener Stelle also, an der im Jahr 1907 der Archäologe Daniel Hartmann den Unterkiefer des „homo heidelbergensis" fand, des bis dahin ältesten bekannten Menschen Europas.

„Alt-Heidelberg", das erst aus der Zeit nach der Zerstörung durch die Franzosen im 17. Jahrhundert stammt, zwängt sich im Osten tief ins enge Tal hinein, eine unbequeme Lage, die wohl nur durch eine frühere Burg zu erklären ist, die an dieser strategisch wichtigen Stelle stand. Später konnte sich die Stadt nur nach Westen, zur Rheinebene hin, ausdehnen. Wenn die Sonne scheint, ist die Altstadt mit der barocken Neckarbrücke, der „Alten Brücke" von 1788, doch wieder Treffpunkt aller „Ausgesiedelten". Dann drängen sich bis zu dreimal soviel Menschen als Altstadt-Bewohner in dem gestreckten Rechteck: Studenten, Verkäufer, Kunden und Touristen.

Bis zum Jahr 1955 hatte die Stadt auch noch den Bahnhof aufzunehmen, wobei die Neckartalbahn, von Heilbronn und Würzburg herkommend, sich die Alt-

stadt entlangquälte, um den alten Sackbahnhof zu erreichen. Inzwischen liegt der Hauptbahnhof außerhalb des engeren Stadtbezirks, und das freigewordene Gelände bietet nun viel Platz für breite Alleen. Der Campus der Universität, mit der sich große Namen wie

Heidelberg, wie es sich in der Mitte des vorigen Jahrhunderts von den Hügeln oberhalb des Karlstors zeigte: Von der Engstelle am Odenwalddurchbruch schweifte der Blick an der Schloßruine (links) vorbei weit ins Rheintal hinaus.

Heidelberg as it looked in the middle of the last century from the hills above the Karlstor. Through the narrow break in the Odenwald forest the gaze roamed past the castle ruins (left) far out into the Rhine Valley.

Robert Wilhelm Bunsen, Hermann v. Helmholtz, Gustav Robert Kirchhoff, Max Weber und Karl Jaspers verbinden, hatte schon Anfang dieses Jahrhunderts die geräumigere Rheinebene des „Neuenheimer Feldes" gewählt. In Heidelberg wurde im Jahre 1563 auf Veranlassung des Kurfürsten Friedrich III. des Frommen von der Pfalz der Heidelberger Katechismus zusammengestellt, ein für die protestantische Reformation wegweisendes Dokument.

Das Heidelberger Schloß hat Matthäus Merian im Jahr 1645 in einem berühmten Stich wiedergegeben. Er zeigt eine mächtige Burganlage der Renaissancezeit in rotem Buntsandstein hoch über der Stadt südlich des Flusses, mit trotz aller Enge weitläufigen Parkanlagen auf einer eiszeitlichen Terrasse des ehemaligen Neckarflußbettes. Der wutschnaubende französische General v. Mélac hat es samt der Stadt auf Befehl Ludwig XIV. niedergebrannt, wohl mit ein Grund dafür, daß die pfälzischen Kurfürsten, die seit dem 13. Jahrhundert dort regierten, 1720 die Stadt mit Mann und Maus verließen und sich in Mannheim eine neue Bleibe schufen.

Daß die „strata montana", die Bergstraße, in Heidelberg Römerstraße heißt und noch heute als Bundesstraße 3 eine der wichtigsten Nord-Süd-Verbindungen abseits der Autobahnen ist, liegt an Ladenburg, dem Städtchen in der Rheinebene, wo die Römer seit 98 n.Chr. eines ihrer bedeutendsten Zentren westlich des Rheins im Gebiet der Alemannen anlegten. Seit Jahrzehnten ist Ladenburg ein Mekka der Archäologen, zumal sich im lockeren Kies der Rheinebene gut graben läßt. Es vergeht kaum ein Monat, in dem nicht neue Wunderwerke aus dem Untergrund auftauchen: eine römische Kultstätte, ein großes Theater und eine zweigeschossige Markthalle. Mit 70 Metern Länge und 40 Metern Breite war sie wohl die drittgrößte Basilika im ganzen Römischen Reich. Auch eine gigantische Jupitersäule wurde gefunden, die von den anstürmenden Alemannen mehrfach zertrümmert, aber immer wieder zusammengesetzt und aufgerichtet wurde. Später nutzten die Franken den Schnittpunkt wichtiger Fernstraßen für einen Königshof. Es folgten eine St. Gallus-Kirche und eine Stadtmauer. Seit dem 13. Jahrhundert geriet Ladenburg jedoch in den Schatten zunächst Heidelbergs, dann auch Mannheims. Die „Königin des unteren Neckarlandes" verkümmerte zu einem Landstädtchen – ein Glück für die Nachfahren: Die steinernen Adels- und Klosterhöfe aus der Gotik und der Renaissance sind erhalten geblieben und in letzter Zeit liebevoll renoviert worden. So wurde aus dem Aschenbrödel eine Prinzessin.

Hoch über Carl Maria von Webers „Wolfsschlucht“ aus der Oper „Freischütz“ thront Burg Zwingenberg, eine der vielen Wehranlagen, welche die Wasserstraße Neckar schon im Mittelalter zu kontrollieren hatten.

The castle of Zwingenberg towers high above the “Wolfsschlucht” (Wolves’ Gorge) of Carl Maria von Weber’s opera “Der Freischütz.” It is one of the many fortresses built back in the Middle Ages to keep watch over the Neckar waterway.

Ein wichtiger Verkehrsknoten für Wasser und Schiene ist Eberbach im Odenwald. Die Staufer erkannten im Jahre 1227 die Bedeutung eines befestigten Platzes für ihre strategische Linie Worms-Würzburg.

Eberbach in the Odenwald is an important river and railway junction. In 1227 the Staufens recognised the significance for their strategic line of defence from Worms to Würzburg of having a fortified location here.

Wer auf dem Rhein und dem Neckar die vollbepackten Binnenschiffe bergauf stampfen sieht, wird immer wieder den Namen des Schifferörtchens Neckarsteinach finden. Vier Burgen markieren seine Kulisse.

Anyone watching the fully-laden barges pounding their way up the Rhine and Neckar will come across the name of the little shipping town of Neckarsteinach time and again. No less than four castles demarcate its backdrop.

Beim Anblick der Heidelberger Schauseite mit Neckarbrücke und Schloßruine versagten selbst dem amerikanischen Spötter Mark Twain die Worte.

Even the American satirist Mark Twain was lost for words at the sight of Heidelberg at its most beautiful, with the Neckar bridge and castle ruins.

„Das war der Zwerg Perkeo im Heidelberger Schloß, an Wuchse klein und winzig, an Durste riesengroß“, schrieb Victor von Scheffel in einem seiner Trinklieder. Perkeo war ein Hofnarr, den Kurfürst Karl I. Ludwig (1617–1680) aus Innsbruck nach Heidelberg gebracht und zum Hüter des fast 220 000 Liter großen Weinfasses im Schloßkeller eingesetzt hatte.

In one of his drinking songs, Victor von Scheffel wrote of “the dwarf Perkeo in Heidelberg castle, whose body was stunted but thirst was gigantic.” Perkeo was a court jester brought by Elector Karl I. Ludwig (1617–1680), from Innsbruck to Heidelberg, where he was made guardian of the nigh-on 220,000-litre wine cask in the castle cellar.

Früher riefen im Frankfurter Hauptbahnhof die Schaffner „Mannheim hinne". Der Zug nach Mannheim und Heidelberg wurde nämlich in Ziegelhausen geteilt, die vorderen Wagen fuhren nach Heidelberg, die hinteren nach Mannheim. Jahrzehntelang hat dieser Ruf die Einwohner der Fächerstadt am Rhein belastet, wurde zum Synonym für einen unausrottbaren Minderwertigkeitskomplex gegenüber der berühmteren Universitäts- und Touristenstadt Heidelberg. Selbst im „Badnerlied", der Traditionshymne der im Lande Baden-Württemberg aufgegangenen Markgrafschaft, heißt es am Schluß: „In Karlsruhe ist die Residenz, in Mannheim die Fabrik, in Rastatt die Festung, und das ist Badens Glück...".

Bis zum Jahr 1720 stand die heutige Industriestadt tatsächlich im Schatten ihrer großen Schwester. Die pfälzischen Kurfürsten regierten in Heidelberg, und erst 1606 war Mannheim auf dem Reißbrett entworfen worden – eine Konzeption, die sich noch heute in den merkwürdigen, nach Koordinaten angelegten Straßennamen niederschlägt: Das Rathaus etwa liegt in „E 5", das Reiss-Museum in „C 5", und nur das Hauptkreuz der kreisrunden Innenstadt nennt sich „Kurpfalz-Straße" und „Planken".

Zum Aufschwung der Stadt hat der Umzug der Wittelsbacher Kurfürsten Karl Phillipp und Karl Theodor in das zum Rhein hin für umgerechnet 20 Millionen Mark gebaute Barockschloß mit seinen 2000 Fenstern beigetragen,

„Mannheimer Musik und preußische Taktik setzen die Deutschen über alle Völker hinweg", sagte ein britischer Lord. Für Wolfgang Amadeus Mozart aber gab es keine „Vacatur" am berühmten Mannheimer Orchester.

"The music of Mannheim and the tactics of Prussia place the Germans a cut above all other peoples," said one British aristocrat. Sadly, there was no vacancy for Wolfgang Amadeus Mozart in the famous Mannheim Orchestra.

in dem heute die Universität untergebracht ist. Das bayerisch-kunstsinnige Blut in den Adern der Kurfürsten hat viele Kunstaktivitäten entfalten lassen: Johann Stamitz und andere Komponisten der „Mannheimer Schule" nahmen Abschied vom starren Kontrapunkt des Barock und entdeckten das Gefühl des Rokoko für die Musik. „Preußische Taktik und Mannheimer Musik setzten die Deutschen über alle Völker hinweg", schrieb ein britischer Lord.

Auch Wolfgang Amadeus Mozart lebte als 21jähriger auf der Suche nach einer Anstellung knapp fünf Monate in der Stadt, lernte dort seine Constanze kennen, die er anstelle seiner wahren Liebe, Constanzes Schwester Aloysia Weber, mit nach Salzburg nahm. Er traf mit dem Poeten Christoph Martin Wieland zusammen, dem er „eine gewisse gelehrte Grobheit, und doch eine dumme Herablassung" bescheinigte und ging im Hause des Hofkonzertmeisters Christian Cannabich aus und ein, wo, wie er seinem „Bäsle" schrieb, „viel von Dreck, scheissen + arschlecken" die Rede war und die Tochter des Hauses ihn immer wieder „animiret + aufgeheizt" habe. Eine „Vacatur" gab es jedoch an dem berühmten Mannheimer Orchester nicht.

Ein Jahr später war es um die Mannheimer Pracht auch schon geschehen: Weil die vetterliche Linie der Kurfürsten in München ausgestorben war, brachen die Pfälzer Wittelsbacher 1778 ihre Mannheimer Zelte ab und gingen zum Regieren nach München. Die goldene Zeit Mannheims war damit endgültig vorbei. Von nun an bestimmte das Bürgertum die Zukunft als Industrie- und Handelsstadt. Carl Benz wurde hier geboren, der zusammen mit seinem schwäbischen Landsmann Gottlieb Daimler das Auto entwickelte, der Forstmeister Karl Freiherr von Drais erfand die „Draisine", den Vorläufer des Fahrrades, und Heinrich Lanz gründete im Jahr 1859 seine Landmaschinenfabrik.

In einem aber hat Mannheim die Schwesterstadt Heidelberg mehrfach überrundet: Weil es am Rhein und am Neckar zugleich liegt und obendrein in der Mitte der europäischen Verkehrsachse des Rheintals, führen alle Wege immer wieder nach Mannheim. Im Jahr 1992 wurde die ICE-Strecke der Bundesbahn nach Stuttgart eröffnet, die an Heidelberg vorbei über Schwetzingen direkt nach Stuttgart verläuft.

Der Neckar, der die Reißbrettstadt durchzieht und in seinem seit Karl Theodors Zeiten künstlichen Bett einen Altarm des Rheins durchschneidet, ehe er sich im mächtigen Hafenbecken gegenüber den riesigen Chemietürmen der Ludwigshafener „Badischen Anilin und Sodafabriken (BASF)" im „Rhein versäuft", ist unterdessen ein breit in der Rheinebene dahinströmender Fluß geworden. 367 Kilometer hat er bis hierher zurückgelegt, 26 Staustufen und 621 Höhenmeter überwunden, bis er auf 85 Metern über NN angekommen ist. Er hat 24 Kraftwerken Nahrung und Kühlwasser gespendet, 22 größere Bäche mitsamt ihrer Abwasserfracht aufgenommen und täglich 33.000 Tonnen Kohle, Kies und Heizöl auf seinem Rücken getragen.

Noch vor zwanzig Jahren war es nicht gut um ihn bestellt. Weil der Neckar an chronischem Wassermangel leidet, trieben in heißen Sommermonaten regelmäßig tonnenweise erstickte Karpfen, Rotfedern, Rotaugen und Zander an der Wasseroberfläche. Vor allem die Enz, die bei Bietigheim die Säurelast der Pforzheimer Schmuckindustrie in

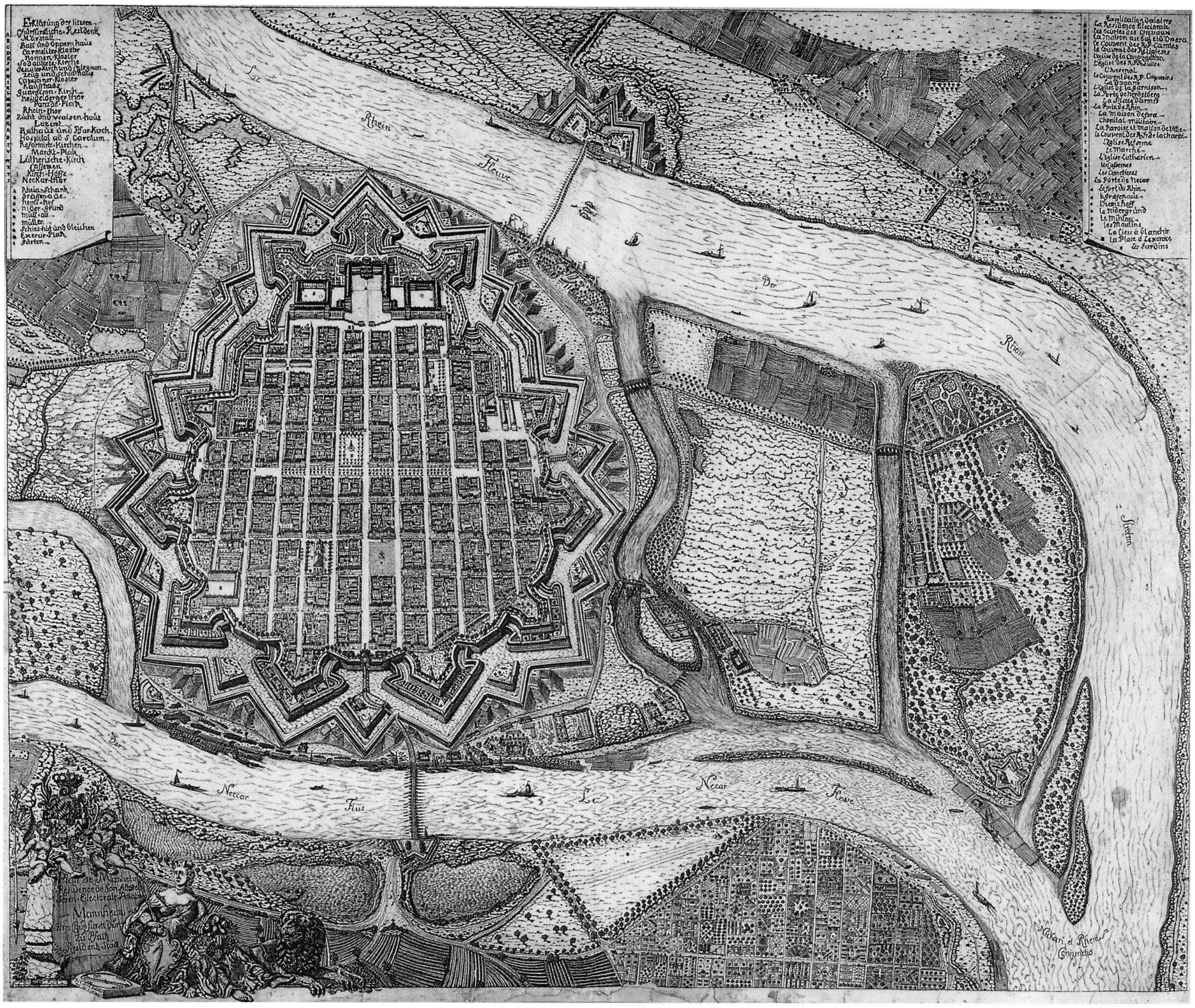

den Fluß schüttete, aber auch die Rems und die Bachläufe aus den Textilfärbereien der Schwäbischen Alb setzten dem Fluß in einer Weise zu, die ihm schier den Garaus zu machen drohten.

Wie ein besiedelter Schloßpark sah Mannheim aus, als die Stadt im Jahre 1606 auf dem Reißbrett entworfen und auf die Halbinsel zwischen Neckar (unten) und Rhein gepflanzt wurde.

When the town of Mannheim was designed on the drawing board in 1606 and planted on the peninsula between Neckar (below) and Rhine, it was as if an estate had been built in the grounds of a palace.

Inzwischen hat ein seit zwanzig Jahren laufendes Bauprogramm für Kläranlagen dem Neckar viel von seinem Charakter als stinkender Gully des „High-Tech"-Ländchens genommen. Anglervereine berichten, daß immer häufiger auch wieder Forellen im Neckar anzutreffen sind. Selbst der Lachs, der schon seit fast hundert Jahren vor den Staustufen der Neckarkanalisierung und den Schmutzfrachten der Industrie kapituliert hatte, wagt sich hin und wieder nach oben.
Allmählich stellt sich wieder annähernd der Eindruck ein, den Mark Twain hatte, als er Ende des vergangenen Jahrhunderts nachts von seinem Heidelberger Hotelzimmer aus den Fluß betrachtete und folgende schwärmerische Zeilen notierte: „Unter der schwarzen Masse des Schlosses lag tief am Fluß entlang die Stadt, das verschlungene Spinnengewebe der Straßen von funkelnden Lichtern wie mit Edelsteinen besetzt; Lichterreihen hingen auf den Brücken; diese warfen Lanzen aus Licht auf das Wasser im schwarzen Schatten der Bögen; und weit hinten am äußersten Rand dieses Märchenspiels blinkte und glühte eine dichtgehäufte Vielzahl von Gasflammen, die sich über viele Morgen Land zu erstrecken schien; es sah aus, als seien alle Diamanten der Welt dort ausgestreut worden."

Wenn die Kurfürsten von der Pfalz von Heidelberg nach Südwesten schauten, konnten sie geradewegs in ihren Schloßpark von Schwetzingen blicken: Die Achse ihrer Sommerresidenz zielt genau auf den Königsstuhl.

When the Electors looked out from the palace of Heidelberg towards the south west, they could just about see the grounds of their palace in Schwetzingen. The axis of their summer residence points directly towards the Royal Throne.

Mittelpunkt der Stadt Mannheim ist schon seit 1778 nicht mehr das kurpfälzische Schloß mit seinen 2000 Fenstern, sondern bezeichnenderweise der Wasserturm, das Wahrzeichen für die Industrialisierung der Stadt.

Since 1778 the Palatine Palace with its 2,000 windows has ceased to be Mannheim's centrepiece. Inevitably, the water tower, hallmark of the city's industrialisation, now has pride of place.

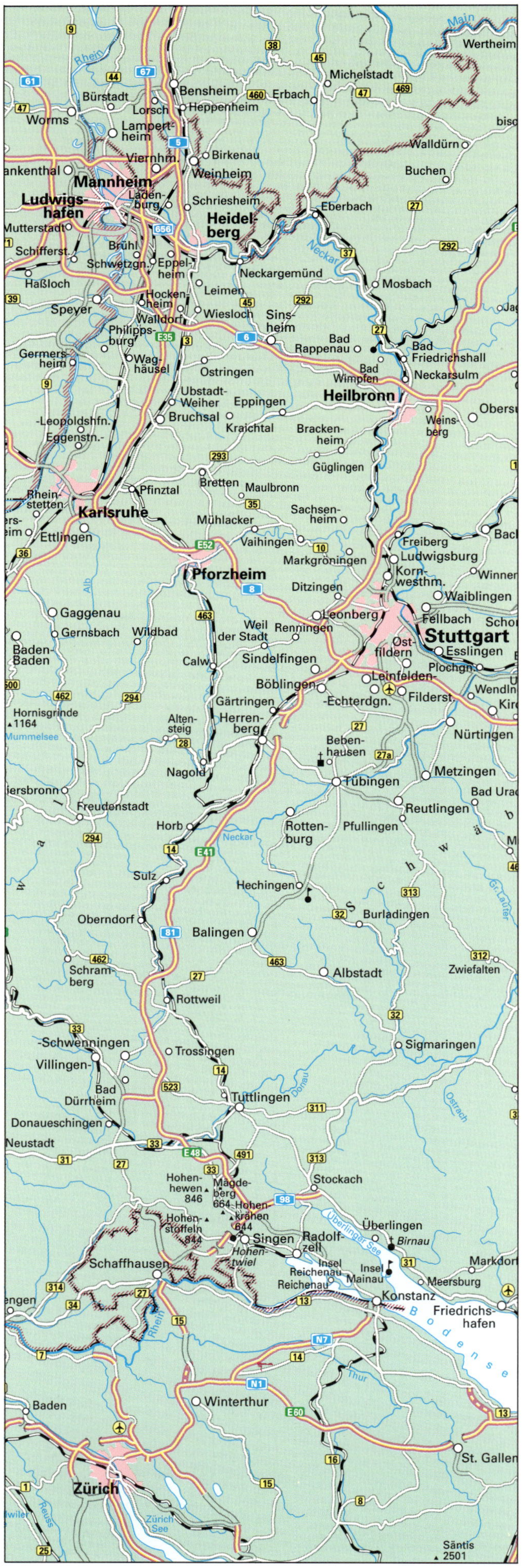
Main
Wertheim
Rhein
Bürstadt
Worms
Lorsch
Bensheim
Heppenheim
Erbach
Michelstadt
Lampertheim
Walldürn
Viernhm.
Birkenau
Weinheim
Buchen
Mannheim
Ludwigshafen
Ladenburg
Schriesheim
Heidelberg
Eberbach
Mutterstadt
Schifferst.
Brühl
Schwetzgn.
Eppelheim
Neckar
Neckargemünd
Haßloch
Mosbach
Speyer
Hockenheim
Leimen
Wiesloch
Walldorf
Sinsheim
Philippsburg
Bad Rappenau
Bad Friedrichshall
Germersheim
Waghäusel
Ostringen
Bad Wimpfen
Neckarsulm
Ubstadt-Weiher
Eppingen
Heilbronn
Bruchsal
Kraichtal
Weinsberg
Leopoldshfn.-Eggenstn.
Brackenheim
Güglingen
Pfinztal
Bretten
Maulbronn
Rheinstetten
Karlsruhe
Sachsenheim
Mühlacker
Ettlingen
Vaihingen
Freiberg
Ludwigsburg
Markgröningen
Pforzheim
Kornwesthm.
Ditzingen
Waiblingen
Gaggenau
Leonberg
Fellbach
Gernsbach
Wildbad
Weil der Stadt
Renningen
Stuttgart
Baden-Baden
Ostfildern
Esslingen
Calw
Sindelfingen
Plochgn.
Böblingen
Leinfelden-Echterdgn.
Filderst.
Hornisgrinde 1164
Gärtringen
Mummelsee
Altensteig
Herrenberg
Nürtingen
Bebenhausen
Nagold
Metzingen
Tübingen
Bad Urach
Freudenstadt
Reutlingen
Horb
Rottenburg
Pfullingen
Sulz
Hechingen
Oberndorf
Burladingen
Balingen
Schramberg
Albstadt
Zwiefalten
Rottweil
Schwenningen
Villingen-
Trossingen
Sigmaringen
Bad Dürrheim
Tuttlingen
Donau
Donaueschingen
Neustadt
Stockach
Hohenhewen 846
Mägdeberg 664
Hohenkrähen 644
Hohenstoffeln 844
Singen
Hohentwiel
Radolfzell
Überlingen
Birnau
Überlinger See
Schaffhausen
Insel Reichenau
Insel Mainau
Meersburg
Konstanz
Friedrichshafen
Bodensee
Thur
Baden
Winterthur
St. Gallen
Zürich
Zürich See
Säntis 2501